JN136719

海上保険法

秋野沆著

明治四十一年發行

海上保險法

日本立法資料全集 別巻 1192

信山社

法學士秋野沆著

海上保險

東京　博文館藏版

序

海上保險ノ研究ニ就テハ爾來二種ノ方法行ハレタルヲ見ル卽チ一ハ商法ノ一部トシテ海上保險ニ關スル規定ヲ法理的ニ解釋シ以テ保險契約ニ於ケル保險者ト被保險者トノ關係ヲ定メントシ一ハ商業學ノ一部トシテ保險ノ事業ヲ實驗的ニ講究セントスルニアリ而シテ前者ノ研究方法ニシテ保險業ニ關スル實驗的ノ經驗ヲ外ニシ單ニ條理ト法則トニ拘泥シテ演繹的ニ解決ヲ求メンカ海商取引ノ慣習ヲ無視スルノ結果坐上ノ空論ニ陷ルノ恨ナキ能ハス然レトモ後者ノ研究方法モ亦常規ヲ逸スルノ患ナキニア

ラス彼ノ海上保險業者カ唱道スル所動モスレハ學理ノ應用ヲ度外視シ專ラ實驗的ニ之ヲ論斷セントスルノ傾向アルカ如キ即チ之ナリ蓋海上保險ノ事項タル海運業ノ進步ニ密接ノ關係ヲ有シ從ツテ古來襲踏セル幾多ノ慣習アルト其事項ノ國際的性質ヲ有スルトハ一國ノ法規ノミニヨリ到底滿足ナル解決ヲ得ル能ハサルコト疑ヲ容レサル所ナリト雖モ斯業ニ從事スル者ニシテ學理ノ應用ヲ抛擲スルカ如キハ元ヨリ斯學ヲ研究セントスル者ト同一ニ論スヘキモノニアラス輓近ニ於ケル貿易業ノ發展ハ保險ニ關スル各國區々ノ立法例ト慣習トヲ打破シ以テ劃一ナル國際的條規ヲ制定スルノ必要ヲ生シ屢々歐洲各國ニ於ケル萬國海法會

議(Congres international du droit maritine)ノ開催ヲ促スニ至リシモノ畢竟保險業ニ學理ノ應用ノ必要缺クヘカラサルヲ證明スルモノニシテ斯學ノ沿革上一大進歩ヲナシタルモノト謂ハサルヘカラス翻テ現行商法ヲ見ルニ海上保險ニ關スル規定極メテ少ナキカ故ニ海上ノ危險ヨリ生スル一切ノ事項ヲ網羅スルヲ得ス從ツテ保險ニ關シ種々ノ疑義ヲ挿ムノ點多キハ却テ實驗家ヲシテ法規ヲ蔑視セシムルノ因ヲ爲ス是レ甚遺憾トスル所ナリト雖モ其不備ヲ補ヒ保險業ニ便ナラシムルハ宜シク學者及實驗家ノ共ニ研磨スヘキ處ニシテ學理ト實驗トヲ相伴ハシムル亦兩者ノ勞ニ俟ツノ外ナキモノトス本書幸ニ斯學ノ研究ニ資スル所アラハ著者ノ

希望ノ幾分ヲ達セルヲ喜フ也

明治四十一年五月末日

在大學院　著　者　識

海上保險法目次

第六章　被保險者の義務

目次　終

海上保險法

法學士　秋野沆著

第一章　總論

第一節　海上保險契約の起原

海上保險契約は近代に生したる商契約の一種にして古代特に羅馬に於ては單獨なる契約として其存在を認めざるものとす或は希臘羅馬に於て保險契約を包含せる契約の存在せること疑を容れざる所なりと雖も其契約たるや當事者が民法其他の規定により各自危險を負擔すべきことを合意するものにして單純なる保險契約にあらず是れ恐くは現今の保險に關する思想を生せしめたるの基礎と云を得べし羅馬法に於て認められたる彼の冒險貸借は即ち此種の契約なり蓋冒險貸借は海上保險契約を混同せる消費貸借にして貸主は保險者たる資格を有し借主の船舶若くは積荷が海上の危險に罹り滅失若くは毀損し

たるときは貸金の全部若くは一部の返還を請求するの權を失ふ反之船舶若くは積荷が安全に到達港に到達せるときは其貸金の返還の外一定の利子即ち冒險貸借の保險料を請求するの權あるものとす要之羅馬時代にありては單獨なる保險契約をなすことを得ざるものとの思想ありたるものゝ如し而して冒險貸借は海上保險契約と最も能く類似せる契約の一なれども其異なる點は保險契約に於て保險者は海上の危險の生ずるにあらざれば被保險者に損害の塡補をなすの責任を生ぜざれども冒險貸借にありては貸主は船舶の出航に先ちて金錢の前拂をなさゞるへからす是冒險貸借か資本を前拂する必要あると海上の危險の頻繁に發生するとにより貸主の損失を招くこと多く漸次此慣習の行はれさるに至りたる所以なり現今歐洲各國立法例に於ては海上保險に關する規定の外冒險貸借に關する規定を設くれとも航海業の發達せる今日にありては航海中殊に緊急の必要ある場合の外此方法により金錢の貸借を生すること甚だ稀にして多くは海上保險契約によるの便利を唱導するに至れり

羅馬時代に於て海上保險契約の存在せざることは一般學者幷歷史家の唱導す

る所なりと雖も其始めて發生せる正確の起原に付きては說の一致せざる所にして或は保險契約は伊太利に於て生したるものなりと謂ひ或は西班牙に於て生したるものなりと謂ひ或はフイリップ、ル、ロング時代に佛蘭西より驅逐せられ伊太利に逃入せる猶太人か伊太利に於て海上保險契約を商取引の上に用ゐたるものなりと謂ふ如此海上保險契約が慣習として商取引上行はれたるに付きては正確に其起原を知ること能はす且如何なる者により始めて之を商取引に用ゐたるやは殆んと之を知るに由なきものと謂はさるへからす然れとも法制の沿革によりて之を見るに海上保險契約は第十四世紀に始めて世に知られたるものにして而して先つ伊太利に於て商取引に用ゐられたるものならん是蓋保險契約に關する規定の多くは伊太利に其起原を有するより推知することを得へし例は海上保險契約に使用せらるゝ語の中保險料(prime)保險證劵(Police)の如き何れも其語源を伊太利語に發したるものなり

又た海上保險契約か第十四世紀を過きて始めて知られたるものなることを推定するに足る他の理由は Consulat de mer 及 rôle d'oléron の中には海上保險に關す

る記錄なきに拘らす第十五世紀及第十六世紀に於ける法律の制定に關する書類の中には保險契約に關する數多の成文的規定を記載せること即ち之也要之海上保險契約は是等の成文的規定を設くるに先ち慣習法として既に社會に行はれ居りたるものなるは疑を容れさる所なりとす

第二節　海上保險契約の種類

保險料による保險契約及相互保險契約保險料による保險契約とは保險者か一定の保險料の支拂を受けて海上の危險を負擔するの契約を謂ひ相互保險契約とは組合若くは會社組織により組合員若くは社員に生すへき危險を他の組合員若くは社員に於て共同に擔保する契約を謂ふ從つて海商に於ける相互保險の組合員若くは社員たるは通常船舶及積荷の所有者又は之に利害關係を有するものとす而して各組合員若くは社員は保險料を支拂ひ以て各自の損害の擔保となすものにして其金額は常に一定せるものにあらす各組合員若くは社員に危險の生すること頻繁なれは保險料の額も亦增加すへし若し相互保險の

組合員の保險料を一定するときは其保險料の積立にして損害を支拂ふに足らさるときは遂に相互保險の目的を達することと能はさるものと謂はさるへからす

保險料による保險契約にありては保險者と被保險者とは全く其人を異にするに拘らす相互保險契約にありては組合員若くは社員は保險者たると同時に被保險者たるものとす換言せは各組合員若くは社員は他の組合員若くは社員の保險者として危險を負擔すると共に又自己も他の組合員若くは社員の被保險者として損害の塡補の請求權を有するものとす

右述ふる如く保險料による保險契約と相互保險契約とは保險者か一人なると各組合員若くは社員なるとの差異ありと雖も保險者と被保險者との關係に付きては少しも差異あるへきものにあらさるを以て海上保險契約に關する同一の規定を適用することを得へし唯た茲に區別すへきは相互保險に於ては各組合員若くは社員は保險者若くは被保險者たると共もに組合員若くは社員として特別の關係を有するものなるを以て若し組合關係と保險契約の當事者と

しての關係と相容れさる場合には保險に關する規定を適用することを得す故に商法は相互保險に於て其性質か保險の規定を適用することを許さゝる場合には之を除外することを得るものとせり(商法四一八條)

船舶の保險契約(Insurance of a ship)及積荷の保險契約(Insurance of cargo)

商法に於ては海上保險契約の目的に付き何等の制限を設けさるを以て船舶、積荷若くは兩者に相關連する權利にして金錢に見積ることを得るものなれは保險の目的となすことを得へし例へは船舶、積荷、運賃、船長其他の船員の給料、積荷の到達により得へき利益、船舶若くは積荷の上に存する權利等の如し從つて保險契約の目的の異なるに從ひ之に種々の名稱を附することを得ん而れとも海上保險契約に於て最も廣く行はるゝは船舶保險幷びに積荷保險の二種なりとす

第三節　海上保險契約の定義及性質

海上保險契約とは當事者の一方(保險者と謂ふ)か海上の危險を負擔し而して

之により保険の目的に生したる損害の全部若くは一部を塡補すへきことを約し相手方(被保険者と云ふ)か此危険負擔に對し一定の報酬(保険料と云ふ)を支拂ふことを約する契約を云ふ

海上保険契約は双務契約なり。即ち保険者及被保険者(若くは保険契約者)は契約と同時に一定の義務を生するものとす被保険者は契約の當時保険料の全部を支拂ひたるときと雖も尚他に義務を負ふものなるを以て双務契約たるの性質を失ふものにあらす又た保険契約の當時保険料を支拂ひたるときは被保険者の義務は消滅せるものとして之を片務契約なりと主張するものあり若し保険契約に於ける被保険者の義務を以て保険料の支拂のみなりとすれは契約と同時に被保険者か保険料を支拂ひたるときは保険契約は双務契約たるの性質を失ひたるものにして之を片務契約なりと謂はさるへからす然れとも若し保険料の支拂は被保険者か保険者に對する主要なる義務にして猶他に被保険者の義務の存することを認むるを得るとせは双務契約たる性質に變更を生することなしと云はさるへからす

海上保險契約は有償契約なり。從つて各當事者は金錢に見積ることを得へき利益を有することを要す即ち被保險者は保險者の危險負擔の報酬として一定の保險料を支拂ふと共に若し保險の目的か滅失若くは毀損せるときは之れより生したる損害の塡補を請求するの權あるものとす

海上保險契約は射倖的契約なり。即被保險者は不確定なる事故の發生(即ち海上の危險の發生を云ふ)により保險者に支拂ひたる保險料に超過せる金額の支拂を受くるものにして此場合には保險者に損失を生するものなること疑を容れさるなり然れとも海上の危險の發生せさるときは被保險者は保險料を損失せさるへからす故に當事者の双方より之を見るも射倖的契約たるの性質を有するものとす

海上保險契約は條件附契約なり。茲に條件附契約なりと云ふは二種の場合を想像することを得へし保險者の危險の始まるに先ちて保險契約をなしたるときは被保險者若くは保險契約者の行爲によるときと雖も保險の目的を海上の危險に罹からしめさることを得へし故に此場合に保險契約は保險の目的を

危險にかゝらむことを條件とするものとす又保險者は保險期間内に保險の目的が自己の負擔せる危險により滅失若くは毀損するにあらされは損害塡補の責任を免るゝものなるを以て保險者の責任は危險なる事實を條件とせるものなり如此保險者の責任は常に不確定の事實の發生を條件となすものなれとも保險者の責任が契約と同時に始まる場合に於ては保險の目的を危險に置くに付きての條件は既に消滅せるものと謂はさるへからす

保險料が保險契約の目的が安全に到達せる場合にのみ支拂ふへきことを契約せる場合換言せば保險價格の中に保險料をも包含せしめたる場合には當事者の責任は共に條件にかゝるものと云はさるへからず

海上保險契約は單獨契約なり。羅馬時代にありては海上保險契約なるもの存在せす從つて船舶若くは積荷所有者が船舶若くは積荷を擔保として冒險貸借をなしたる場合に航海中海上の事故によりて積荷が滅失又は毀損するときは船主若くは荷主は其損害の價額を限度として借金の返還義務を免るゝものとすれとも之れ現今行はるゝ保險契約を消費貸借契約に附隨せしめたるものにして此の如きは單獨なる保險契約と云ふことを得ず又保險契約は船舶若くは積荷の運送契約あることを前提とするものなりと雖も之か爲めに單獨の性質を失ふものにあらさるなり

第二章　海上保險契約の要素

海上保險契約の要素を分ちて三とす(一)海上の事故即危險(二)保險の目的(三)保險料是也以下順次に之を說明せん

第一節　海上の事故即危險

海上保險契約に於ては保險の目的(例は船舶、積荷、運賃等を謂ふ)が海上の事故に罹かるへきことを條件とす然れとも保險の目的に付利害關係を有せす從つて其滅失若くは毀損により損失、損害を生せさる者が保險の目的の滅失若くは毀損せる場合に一定の金額の支拂を契約したるときは之を保險契約なりと謂ふを得ず唯だ博戲若くは賭事に類する契約の一種として之を無效とすへきのみ例へは富籤の如き即是也、蓋海上保險契約に於ては被保險者は海上の事故により保險の目的に生したる損失、損害を塡補せんか爲めに保險者に對し一定の金額の支拂を請求するにあり反之富籤の如く博戯若くは賭事に類する契約にありては海上の事故により自己に損失損害を生せさるに拘らす一定の金額の支拂を請求するにあり前者は損害塡補の契約にして後者は偶然の事故による不法の利得なりと謂ふことを得へし保險契約に於て被保險者が被保險利益を有することを要すと謂ふは即ち之か爲めなり

右述ふるか如く海上保險契約は損害を塡補するの契約なるか故に被保險者は保險者の支拂ふ保險金により利益を受くることを得す畢竟被保險者は保險契約により自己の享有すへき利益を保確せんことを目的とするものにして此思想は各種の保險契約を通し一般に認むることを得へきものなりとす

海上保險契約は損害塡補の契約なりとの思想より次の結果を生する者とす

一、海上保險契約は保險の目的を海上の危險に置かさるときは無效とす

二、保險金額は保險價格(即ち保險の目的の價格を云ふ)を超過することを得す

三、同一の目的に付同一の危險に對し數個の保險契約をなしたるときは各保險契約の保險金額の和は保險價格を超過することを得ず

四、保險契約の當時保險の目的が既に滅失せるか若くは既に到達せるときは契約を無效とす

第一　海上保險契約は保險の目的を海上の危險に置かさるときは無效とす

海上保險契約は保險の目的が海上の危險に罹るへき狀態に移さるゝ以前に於てなすことあり換言せは當事者は船舶の出航前若くは積荷の船積前に於て保險契約をなすことあり此の如き場合に船舶か出航せざるか若くは積荷を船積せさるときは其原因の不可抗力によると或は船長其他の船員の過失によると或は被保險者若くは保險契約者の意思に基くとを問はす契約を無效とすへく從つて保險契約者若くは被保險者は保險料支拂の義務なきか故に前拂の保險料の返還を請求することを得へし唯た被保險者若くは保險契約者の故意若くは重大の過失によりたるときは損害の賠償として保險料の全部若くは一部を支拂ふ義務を生すれとも保險料として支拂ふものにあらさるや明也、盖海上

保險契約は海上運送契約の目的たる船舶、積荷、運賃に對する附隨の契約たるに過きさるか故に其主たる運送契約の存在せさるに獨り保險契約を存續せしむるは當事者の意思に反するものと謂はさるへからす故に右の場合に保險契約を無效とせるものとす

第二　保險金額は保險價格を超過することを得ず

海上保險契約は損害を塡補するの契約なるを以て若保險の目的の價格に超過する金額を以て保險金額(sum insured)となしたるときは被保險者は目的の滅失若くは毀損の場合に其超過額を利益するものにして保險契約の原理に反するが故に被保險者は此超過額に付被保險利益を有せさるものとして之を無效とせり(商法三八六條、獨商法七九〇條佛商法三五七條)然れとも實際に於ては此規定を嚴格に遵守せしむることを得ず畢竟船舶及積荷の價格を精細に評定するの困難なるが爲め屢々其實價に超過する金額を以て保險金額となすことあるも亦た止むを得さるものとす

保險契約者若くは被保險者が詐僞其他不法の行爲により保險價格に超過す

る金額を以て保險契約をなしたるときは保險者は契約の無效を主張することを得へし(民法九六條)

第三　同一の目的に付同一の危險に對し數個の保險契約をなしたるとき各保險契約の保險金額の和は保險價格を超過することを得す

同一の目的に付同一の危險に對し同時に數個の保險契約をなしたる場合に各保險契約の保險金額の和が保險價格に超過したるときは其超過額に付契約を無效とすへきものなるを以て各保險者は各自の保險金額の割合に應して其負擔額を定めさるへからす換言せは各自の保險金額の一部に對する契約は無效となるものとす(商法三八七條、獨逸商法七九一條一項)商法に於ては保險契約に付日附の前後を區別すること能はさる場合若くは日附を缺欠せる場合を規定せす故に事實上契約の日附の前後を區別すること能はさるときは如何んともすること能はす獨逸商法に於ては數個の保險契約の內契約の日附を知ること能はさるものあるときは同一日附になしたるものと看做せり(獨逸商法七九一條三項)蓋契約の日附を缺欠せる保險者は他の保險契約より後ちの日附に於てなしたるものなりと主張するを以て利益すへく他の保險者は之を以て先きの日附になしたるものと主張するを以て利益とすべし獨逸法に於ては此の如き疑義を避けんか爲めに兩者の主張を折衷し他の保險契約と同一日附になしたるものと推定せり

我商法及獨逸商法にありては數個の保險契約か同一の日附を有するとき他に之か前後を區別すへき時を示さゝる場合には其契約は同時になしたるものと推定せり（我商法三八七條獨商法七九一條二項）然れとも佛蘭西商法にありては保險契約の日附に付更らに精密の方法を以て其前後を區別せり即ち保險證劵が同し日附を有するものゝ中午前に署名せるものを先とし午後に署名せるものを後とせり（佛蘭西商法三三二條）

同一の目的に付同一の危險に對し同時に數個の保險契約をなしたるときは各保險者の負擔額を定むることと前述の如し然れとも同一の目的に付各其保險價格の全部を以て數個の保險契約をなしたるときと雖も各保險者が異なりたる危險を負擔するものなるときは各其超過額を無效とすへきものにあらず例

は保險者の一人は普通の海上の危險を負擔し他の保險者は戰爭の危險を負擔するか如し(商法三九五條)又各保險者か危險の時と場所とを異にする場合も同一に解釋することを得へし例へは保險者の一人は船舶の往航に付保險契約をなし他の保險者は歸航に付之をなすか如し

同一の目的に付同一の危險に對し時を異にして數個の保險契約をなしたる場合に各保險者の責任に付歐洲大陸の立法例と英國の立法例とは其主義を異にせり

商法は歐洲大陸の諸國の立法例に倣ひ同一の目的に付同一の危險に對し時を異にして保險契約をなしたるときは先きの日附を有する契約の保險者先づ其保險金額を以て損害を負擔し其保險金額が損害の全部を塡補するに足らさるときは次の日附を有する契約の保險者其不足額を負擔す(商法三八八條)此の如く各保險者は日附の先きの保險者が其保險金額を以て損害を塡補するに足らさる部分を負擔するものなるか故に損害の價額にして小なるときは後の保險者は全く塡補の責任を免るゝことあるものとす、商法に於て同一の目的に付数個の保険契約ありたる場合に日附の同一なるときは各保険者をして各自の保険金額に比例して損害を負擔せしめたるに拘らす日附の異なりたるとき若くは同一の日附にても時を異にせるときは其前後により各保険者の責任に全く區別を設けたるは抑々如何なる理由に基くや英國主義の理由とする所と相比較攻究して其理由の正否と實際の利益とを知るの價値あるものとす

英國にありては從來の慣習により歐洲大陸諸國に行はるゝ主義を採用せす從つて保険契約の日附の前後により保険者の責任を區別せさるか故に同一の目的に付同一の危險に對し數個の保険契約ありたる場合には被保険者は保険價格に超過する金額の支拂を保険者に請求することを得す(換言せは英國に於ても重復保険をなしたるときは其超過額に對する契約を無效とす)と雖も各保険者に對し保険金額の全部(即ち各保険金額の和)を請求するの權あるものとす而して保険者の一人か被保険者の請求に對し他の保険者の保険金額をも支拂ひたるときは他の保険者に對し各自の保険金額に比例して償還を請求せる權を有す、蓋英法に於ては各保険者間に連帯の責任を認めたるものとす

數個の保險契約の日附の前後により各保險者の責任を區別するの規定は强行的規定にあらす從つて當事者は之に異なりたる契約をなすことを得へし然れとも當事者は特別の契約により被保險者の損害を塡補するにあらすして利益を與ふるか如き契約をなすことを得さるは保險契約の本質より考ふるも疑を容れさる所なりとす

當事者か保險契約をなすに當り特別の契約をなし契約の日附の前後を問はす各保險者か各自の保險金額に比例して損害を負擔すへきことを約し又は被保險者は各保險者に對し損害の全部の塡補を請求し而して保險者の一人か其請求に應して損害の全部を塡補したるときは他の保險者に對し各其保險金額に比例して償還の請求をなし得る(英國主義)ことを約するか如き元より自由なりとす

第四　保險契約の當時保險の目的か既に滅失せるか若くは既に到達地に到達せるときは契約は無效とす

海上保險契約にありては保險の目的か海上の事故に罹かるへき狀態に移さ

るゝことを換言せは保險者か海上の危險を負擔することを條件となすものなるか故に保險契約の當時保險の目的か既に滅失せるか若くは既に到達地に到達せるときは保險者は到底危險を負擔するの機會を生せさるものなるを以て契約を無效とせさるへからす然れとも保險者若くは保險契約者か其目的の滅失せること若くは到達せることを知らさる場合に保險の目的の缺欠を理由として契約を無效となすは當事者に對し苛酷なりと云はさるへからす故に商法に於ては保險契約の當時當事者の一方若くは被保險者か既に保險の目的の滅失せること又は既に到達せることを知れるときに限り契約を無效とせり(商法三九七條獨商法七八九條)

被保險者か代理人によりて保險契約をなす場合に委任の後保險の目的か滅失せること若くは到達せることを知りたるときは代理人に其旨を通知して契約をなすことを中止せしめさるへからす若し其の通知を怠りたるときは契約は無效とす然れとも被保險か代理人のなす契約を中止せんか爲めに其旨の通知を發したるに拘らす通知の延着の爲めに代理人か既に契約をなしたるとき

は之を有效となすへきや蓋此場合に被保險者は契約の當時目的の滅失若くは到達せることを知りたると共に其通知の手續をなしたるに拘らす外部の事情により之を妨けられ遂に契約をなしたるものなるを以て民法の規定により通知の效力を定めさるへからず被保險者か同一の目的に付同一の危險に對し時を異にして各其保險價格の全部に付二個の保險契約をなしたる場合に若し其契約の一は英國に於てなし他の一は日本に於てなしたるものなりとせは右に述へたる日附に關する規定の差異により各保險者の責任を決定するに當り法規の牴觸を生するものとす此かる場合に何れの法規により各保險者の責任を決定すへきや次に例を擧けて之を說明せん

重復保險に關する法規の牴觸問題

甲　英國に於てなしたる保險契約の日附か先きにして日本に於てなせる保險契約の日附か後なる場合

英國に於てなしたる保險契約の日附か先きなるときは英國の保險者のみ損害を塡補するの責任を有するか故に被保險者は日本の保險者のみに對し損害

塡補の請求をなすことを得さるものとす(商法三八八條)又英國の保險者か被保險者の請求に應し保險金額の全部を支拂ひたりとするも日本の保險者に對し其半額の償還を請求することを得す畢竟日本の保險者は日附の前後により損害塡補の責任を定むるに當り英國法規の適用を受くへきものにあらさるか故なり

乙　日本に於てなしたる保險契約の日附か先にして英國に於てなせる保險契約の日附か後なる場合

日本に於てなしたる保險契約の日附か先なる場合には被保險者は其撰擇により或は日本の保險者に對して損害塡補の請求をなし或は英國の保險者に對し之を請求することを得へし蓋此場合に英國保險者は後の日附を有するを理由として被保險者の請求に異議を述ふることを得す又た英國の保險者か被保險者の請求に應し損害の塡補をなしたるときは更らに日本の保險者に其金額の半額の償還を請求することを得るものにして日本の保險者も亦之に異議を述ふることを得す畢竟日本の保險者の責任は英國に於て後になしたる保險契

約により影響を受くへきものにあらす常に他の保險者に先ちて塡補の責任を有するものなればなり

日本の保險者か被保險者の請求に應し損害の塡補をなしたるときは英國の保險者に其半額の金額の償還を請求することを得るや日本の保險者は保險者として之か償還の請求權を有せさるものと解釋するを至當とす畢竟日本の保險者は日本商法によるの外英國の慣習法を主張して償還の請求權を有せさるか故なり然れとも日本の保險者は必しも之か償還の請求の途なきものと云ふにあらす即ち英國の保險者は日本の保險者か損害を塡補したるか爲めに不當に利益を得たるものと云ふを得へきを以て民法の不當利得の規定により之か償還の方法を求むることを得るものと云はさるへからす

第二節　保險の目的

保險の目的とは保險契約に於て海上の事故に罹かり損害を生すへき被保險者の利益を(即ち被保險利益)謂ふ商法に於ては保險契約は金錢に見積ることを

得へき利益に限り之を以て其目的となすことを得るものとし他に何等の制限的規定を設けす且外國法例の如く其目的となるへき主要なるものを列擧せされ共船舶、積荷、運賃、積荷の到達により得へき利益（又は希望利益と謂ふ）旅客の手荷物船舶若くは積荷の上に存する權利（例へは船舶抵當權者の債權の如し）は海上保險契約の目的となることを得るのみならず船長其他の船員の給料の如き亦其目的となることを得るものと謂はさるへからす（商法三八五條六六〇條六六一條）

獨逸商法及佛蘭西商法に於ては保險の目的に關する概括的規定に於て保險の目的となることを得るは海上危險に罹るへき船舶、積荷、若くは此兩者に相關連せる權利にして金錢に見積ることを得るものに限るものとし（獨逸商法七八二條佛商法三三四條）保險の目的となるを得へき主要なるものを列擧せり（獨逸商法七八三條）蓋被保險者か保險契約に於て金錢に見積ることを得へき利益を有するを必要とするは保險契約か損害塡補の契約にして彼の富籤の如き賭事若くは博戯に類する契約とは全く其性質を異にするものなることを說明する

に足るへし

被保險者か保險契約に於て金錢上の利益を有することを必要とすることと前述の如し而して此利益は船舶、積荷、若くは此兩者に相關連する權利に限るへきものなるを以て海岸に建設せる家屋の所有者か、海上の事故(例へは波浪)により家屋に生する損害に付保險契約をなすことあるも之を以て海上保險契約なりと謂ふことを得さるなり

(商法三八五條は保險の目的となることを得へき利益を定めたる概括的規定なれとも果して如何なる人々か保險契約に於て利害關係を有するものなるや換言せは保險契約の當事者たるを得るは如何なる人々なるやは法に一定の規定なきを以て茲に之を說明するの必要あるなり

保險契約に於て當事者となることを得へき者左の如し

一、船舶所有者、

二、積荷所有者、

三、旅客、

四、船長其他の船員、
五、船舶若くは積荷の上に權利を有するもの
六、以上の被保險者、
七、保險者、

第一　船舶所有者

船舶所有者は船舶、屬具及運賃を以て保險の目的となすことを得へし而して船主は之等のものに付き各別に保險契約をなすことあり或は三者を包含して一個の保險契約をなすことあり此如き場合に船主と保險者との責任を如何に決すへきやは後に述へんとす

船舶の所有者か船舶を航海に使用せるにより受くる利益は運賃より航海の爲めに生したる船舶價格の減少額と航海に要したる石炭費、糧食費、出入港費、水先案内料、並船長其他の船員の給料及其他の諸雜費とを控除して剩餘ありたる場合に生するものにして從つて航海中海上の事故により船舶を滅失したるときは船主は船舶の價格(航海の爲めに減少したる價格を云ふ)及航海に要したる

諸費用を損失するのみならず船舶の無事到達の場合に領收することを得へき運賃をも損失するものとす例へは

一、出航の時に於ける船舶の價格　二〇一、〇〇〇圓
二、航海の諸費用　五、〇〇〇圓
三、航海により生したる船舶價格の減少額　一、〇〇〇圓
四、運賃　二〇、〇〇〇圓

とせば船舶か安全に到達港に到達せるときは船舶の價格は二十萬圓に減少すると雖も船主は二萬圓の運賃を領收するを以て船舶の減價額及航海の諸費用を控除するも猶一萬四千圓の利益を得るものとす若し航海中船舶及積荷か滅失せるときは船主は船舶の價格二十萬圓を損失するのみならす滅失の時まてに支拂ひたる航海の諸費用並運賃を損失するものとす

船舶を保險に付したるときは船舶の保險價格は保險者の責任の始まるときに於ける船舶の價格によるものとするか故に(商法六五六條)船主は前例に於て二十萬一千圓を以て船舶の保險價格となすものなり然れとも此保險價格の內

には船舶の保険料を包含せさるものなるか故に船舶の滅失の場合に船主は保険料をも損失するを免れす若し船主か此損失を塡補せんと欲せは更らに保険料に付保険契約をなさゝるへからす又た船主か船舶の到達により受くへき利益一萬四千圓は船舶の保險價格の中に包含せられさるか故に船主は更に運賃其他の費用に付保險契約をなすことを要するものとす

第二　積荷の所有者、

積荷の所有者は陸揚港に於ける積荷の價格により陸揚港に於て之を賣却して利益を得るを目的とす而して陸揚港に於ける積荷の價格の中には積荷の原價(即ち船積港に於ける價格を云ふ)運賃其他の費用を含むものなるを以て積荷の賣却により得たる金額にして此等の原價其他の費用を控除して猶剩餘を生したるときは荷主は積荷の到達により利益を得たるものと云ふを得へし然れ共荷主が積荷の賣却により得へき利益は常に確實なるものと云ふことを得す或は陸揚港に於ける積荷の價格にして積荷の原價並に運賃其他の費用の和に等しきことあり或は之より小なることあり此の如き場合にありては荷主は積

荷の到達により利益を得さるのみならす損失を生することあるものと謂はさるべからす故に商法に於ては積荷を保險に付したるときは其保險價格は當事者が特別の契約をなさゞるときは船積港に於ける船積當時の價格と船積及保險に關する費用とによるを原則とし(商法六五七條獨逸商法八〇三條佛商法三九三條)若し荷主か積荷の到達により得へき利益をも保險に付せんとするとき換言せは保險の目的たる積荷の價格を陸揚港に於ける價格により定めんとせば保險契約に於て特に之を明示すへきものとす

從來佛商法及白耳義商法等に於ては積荷の到達により得へき利益(又は希望利益)を以て保險の目的となすことを得さるものとせり(佛商法三〇二條白耳義商法一六八條)蓋立法者の理由とする所は積荷の到達により得へき利益は保險契約の當時にありて未た存在せさるものなるか故に若し荷主が此の如き利益に付保險契約をなすことを得るとせば荷主は被保險利益を有せさるに被保險者たることを得るものと謂ふべく畢竟被保險者に利益を與ふるの契約にして賭事に類するものとし之を無效となすへきものなりと云ふにあり然れども此の

如きは積荷の到達により得へき利益を以て保險の目的となすを禁する理由となすに足らす且希望利益を保險に付したる場合に荷主か積荷の滅失により利益を得るものなりと斷定することを得す此場合に於て荷主か保險者により支拂はるゝ金額は積荷か安全に陸揚港に到達せる場合に領收すへきものに外ならさるか故に陸揚港に於て得へき利益にして實際保險價格より小なるときは其超過額に對し保險者の責任を免除せさるへからす要之荷主か商取引上自己の領收せんとする利益を計算し之か滅失に付保險契約をなす場合を以て損害塡補の契約にあらすとなすは契約の性質を誤解したるものと謂はさるへからすされは佛蘭西に於ては千八百八十五年八月十二日の法律を以て希望利益を保險の目的となすことを得るものとせり

積荷の所有者か積荷の到達により得へき利益は契約の當時にありて豫め確定せるものにあらす從つて其價格を定むること能はさることあり故に商法に於ては積荷の到達により得へき利益を保險に付したる場合に保險價格を定めさるときは保險金額を以て保險價格となしたるものと推定せり(商法六五八條獨

逸商法八〇六條佛商法三三四條)然れ共此價格は單に推定に止まるを以て若し事實上利益の價格(即船積港に於ける價格と陸揚港に於ける價格との差を云ふ)か保險金額を超過したるときは保險の目的の價格の一部に付きての保險契約となり若し其價格か保險金額より小なるときは保險價格に超過せる契約として其超過額に付契約を無效とすへきものとす

第三　船長其他の船員

外國の立法例にありては船員が船舶所有者より領收すへき給料を保險に付することを禁したることあり盖其理由とする所は船員は船舶を安全に指導するに付金錢上の利益を有す換言せは船員の勞務の提供は即ち給料を得るの對價なるか故に若し船員か船舶所有者以外のものより給料に相當する金錢の給付を得らるゝものとせば船員をして船主の爲めに忠實に勞務に從事せしむることを得すと然れども船舶の沈沒若くは捕獲の場合に其事實の發生の日までの船員の給料は船主に對する債權なるを以て(商法五八七條)之か保險契約をなすを得るものと謂はさるへからす商法に於ては此理由に基き船員の給料を保

險に付することを得さるとの規定を削除せり(舊商法)從て船長其他の船員は商法五八七條第一項第一號乃至第三號の規定により得へき金額を限度とし給料の保險契約をなすことを得へしされと其以後の給料に付きては保險契約をなすことを得さるものとす竟畢船長其他の船員か船主に勞務を提供せすして其報酬のみを得んとするの契約は船員に利益を與ふるの契約にして保險契約の本質たる損害塡補の觀念に反するか故なり

第四　船舶及荷主の上に權利を有するもの

船舶及積荷の上に權利を有するもの例へは船舶抵當權者、先取特權者、若くは積荷を擔保として金錢を貸與せる者は船主若くは荷主に支拂ひたる金額を限度として船舶若くは積荷に付保險契約をなすことを得へし此場合に於て船舶若くは積荷か滅失若くは毀損せるときは被保險者(即ち船主若くは荷の債權者を云ふ)は保險者に對し保險金支拂の請求をなすを得るのみならす債務者たる船主若くは荷主に對しても債務の辨濟を請求することを得へし若し被保險者か保險者より保險金の支拂を受けたるときは保險者は船主若くは荷主に對す

る被保險者の債權を取得するものとす

第五　旅客

旅客は其帶携せる手荷物に付保險契約をなすことを得す

第六　被保險者

右に列擧したるものは保險契約に於て被保險者として保險の目的が海上の事故により滅失若くは毀損したる場合に保險者に損害の塡補を請求するの權あるものとす而して被保險者か自ら保險契約をなすか若は代理人により之をなしたるときは保險の目的か滅失若くは毀損せると否とを問はず保險料を支拂ふの義務あるものなるにより被保險者か保險價格の中に保險料を加へさるときは保險の目的の滅失若くは毀損の場合に完全に損害を塡補せらるゝことを得す故に保險料も亦海上の事故にかゝるものと謂ふことを得べし今ま若し被保險者か保險料に付第三者と保險契約をなすことを得るものとせは被保險者は保險料に付保險者と保險契約をなすことを得るや特に船舶の保險に付此必要を生するものなること前述の如し商法に於ては保險の目的に付特別の制

限的規定を設けず唯だ船舶、積荷若くは此兩者の上に存する權利にして金錢に見積ることを得るの利益は皆保險の目的となすことを得へく從つて被保險者か目的の滅失若くは毀損により保險料の損失を塡補せんと欲せは之か保險契約をなすを得ること明かにして其相手方の保險者たると第三者たるとは元より問ふところにあらさるなり但保險價格中に保險料を包含せしめたるときは保險者は保險の目的か海上の危險に罹らさる時のみ保險料を利益するの結果を生するものとす商法に於ては積荷保險に付きては其保險價格の中に保險料を包含せしむれとも船舶保險に付ては之を包含せしめさるを以て此の如き問題の生するものとす

第一項　重復保險

既に保險價格の全部に付保險契約をなしたる後更らに同一の目的に付同一の危險に對し保險契約をなしたるときは之を重復保險と云ふ被保險者か同一の目的に付重復保險をなすは實際上屢々生する所にして或は被保險者か保險

の目的の滅失若くは毀損の場合に多額の補償を得んと欲し先きの保險契約あることを隱蔽するにより生することあり保險者の最も注意を要すへきものなりとす

被保險者か重復保險をなしたるときは後の保險契約を無效となすへきものなること疑を容れず蓋保險契約は損害塡補の契約なるを以て被保險者は自己の享有すへき利益以外に於て保險契約をなすことを得るものにあらす重復保險の場合に被保險者は後の保險契約に付被保險利益を有せさるを以て其契約の無效となるも亦止むを得さるなり

先きの保險契約の保險金額か保險價格(即保險の目的の價格を謂ふ)に達せさる場合に更らに被保險者か同一の目的に付同一の危險に對し保險契約をなしたるか爲め各保險契約の保險金額の和か保險價格を超過したるときは亦重復保險を生するものにして後ちになしたる保險契約は其超過額に對し重復保險として其效力を失ふものとす

被保險者が同一の目的に付同一の危險に對し同時に數個の保險契約をなし

たる場合に各保險契約の金額の和か保險價格を超過する場合も亦重復、保險を生するものにして此場合には各保險契約は各自の保險金額の割合に應し其超過額を無效とす

重復保險は保險の本質に反するものとして其超過額を無效となすへきものなること前述の如し然れとも商法は特別の場合に限り被保險者か既に保險價格の全部に付保險契約をなしたるに拘らす更らに保險契約をなすを得るものとせり(商法三八九條)盖重復保險の例外を認めたるものに外ならず其場合次の如し

一、前の保險者に對する權利を後の保險者に讓渡することを約したるとき

二、前の保險者に對する權利の全部又は一部を拋棄すへきことを後の保險者に約したるとき

三、前の保險者か損害の塡補をなさゝることを條件としたるとき

獨逸商法に於て被保險者か保險價格の全部に付保險契約をなしたる後更らに同一の目的に付同一の危險に對し保險契約をなすを得る場合次の如し(獨逸

商法七九三條)
一、前の保險者に對する權利を後の保險者に讓渡することを約したるとき
二、被保險者か前の保險者の無資力により若くは前の保險契約か無效となりたるにより領收することを得さる金額を限度として塡補の責任あることを條件としたるとき
三、被保險者か重復保險を生するを避くるか爲め前の保險者に對する權利を拋棄したるにより前の保險者か其義務を免れたるとき但後の保險者か保險契約の當時之を知りたることを要す
重復保險の效力に付生する重要なる問題は前の保險契約か被保險者の爲めに第三者によりてなし後の保險契約は被保險者自らなしたるものにして且被保險者か契約の當時前の保險契約に付通知を受けさるか若くは被保險者か前の保險契約を否認せんとする場合に何れの保險契約を有效となすへきやにあり商法の解釋としては自らなしたる前の保險契約を有效となさんとせは第三八九條の規定により前の保險者に對する權利を拋棄せさるへからす然れとも

被保險者は自己の爲めに第三者か保險契約をなしたることを知らすして更らに之か保險契約をなしたるに拘らす後ちに至り後の保險契約を無效とし第三者のなせる保險契約の利益を享受せんとするは被保險者の欲する所にあらす元より被保險者は前の保險契約の利益を拋棄することを得るとするも是れ亦被保險者の意思に合するものにあらさるなり故に獨逸商法に於ては被保險者か第三者より自己の爲めに保險契約をなしたることの通知を受けさるか若くは被保險者か後の保險者に對し前の保險契約を否認したるときは後の保險契約を有效なりとせり(獨逸商法七九四條)

第二項　保險の目的の評價

保險證劵に於て當事者か一定の金額を以て保險の目的の價格となしたるときは此價格は當事者を羈束するの效力を生するものなるか故に之か變更增減をなさんとせは保險の目的の實價と評定價格との差異あることを證明せさるへからす然れとも此評定價格は當事者を羈束するも第三者に對し何等の拘

束する所なきを以て後の保險契約の保險者は前の保險契約の保險金額を以て其實價より小なるものなることを主張するを得へし換言せは同一の目的に付數個の保險契約をなしたる場合に各保險者は各自保險價格を評定することを得るものとす

船舶積荷、運賃其他保險の目的となるを得へきものに付きては前段述ふる所の如し今若し被保險者か一個の保險契約に於て二個若くは二個以上の目的(例へは船舶、航海費用運賃等)又は目的の集合(例へは錨、錨鎖、端舟等の屬具の如し)の價格を合計して保險價格を定め且つ各目的を記載せるときは之を以て一個の保險契約となすへきや將た二個若くは二個以上の保險契約ありたるものと謂ふへきや商法に於ては此點に付規定を缺くを以て此の如き場合の生したるときは當事者の意思と商慣習とにより之を決せさるへからす然れとも單に之等の目的か一個の保險價格の中に包含せられたるとの理由により二個以上の保險契約をなしたるものにあらさることを主張するを得す獨逸商法の如きは此場合を以て各目的に付別個の保險契約をなしたるものと見做せり(獨逸商法七九八條）蓋此規定は實際上必要なるものにして殊に被保險者か保險の目的を委付せんとする場合若くは小額の損害に對し保險者の責任を免除する場合に計算上最も必要を生するものとす今左に被保險者か二個若くは二個以上の目的を以て一個若くは數個の保險契約をなしたるときは如何なる場合に重復保險を生するや其保險價格を如何なる方法により評定すへきやを説明し商法の規定の不備を補はんか爲め外國の立法例を示さんとす

甲　船舶所有者か保險契約をなす場合

船舶所有者は船舶、航海費用、船長其他の船員の給料及保險料に付之れ等の價格を一個の保險價格の中に包含せしめて保險契約をなし又は各別に保險價格を定めて數個の保險契約をなすことを得へし然れ共船主か運賃に付保險契約をなしたるときは更に航海費用、船長其他の船員の給料に付保險契約をなすことを得す蓋船主は運賃を以て航海費用、船長其他の船員の給料を支拂ふへきものなるを以て運賃に付保險契約をなしたる後更らに航海費用、船員の給料に付保險契約をなしたるときは重復保險をなしたるものとして後の保險契約を無效とせさるへからず而して若し運賃の保險契約を後になしたるときは航海費用、船長其他の船員の給料の保險價額を運賃の保險價格より控除し其殘額に付運賃の保險契約を有效となすへきものとす(獨逸商法八〇〇條)

船主か運賃に付保險契約をなしたるときは更らに航海費用、船長其他の船員の給料に付保險契約をなすことを得さること右述ふるか如し然れとも船主か運賃に付保險契約をなしたるものなるや將た希望利益(即ち運賃より航海費用船員の給料を控除したる剩餘額にして船主の純利得となるものなり外國立法例に於ては之を(Fret net)純運賃と稱し運賃(Fret brut)と區別せり)に付之をなしたるや不明なる場合には商法に別に之を規定せさるか故に當事者の意思と商慣習とにより之を定むるの外なきを以て船主が更に航海費用、船員の給料に付保險契約をなすことあるも之を以て直に重復保險を生したるものとして後の契約を無效となすことを得ず先つ先きの保險契約の目的を決定せさるへからす蓋此の如き場合に法に一の推定を設くるは最も肝要なるものなりと云ふへく獨逸商法は此の如く運賃に付保險契約をなしたるものなるや將た運賃より航海費用、船員の給料を控除せる希望利益に付したるものなるやを區別すること能はさるときは運賃に付之をなしたるものと看做せり(獨逸商法八〇二條二項)故に船主か更らに航海費用船員の給料に付保險契約をなしたるときは重復保險を生したるものとして之を無效となすことを得へし、運賃の全部に付保險契約をなしたるや將た一部に付之をなしたるやを區別すること能はさるときは右述へたると同一の理由により重復保險の生することを避けんか爲め運賃の全部に付之をなしたるものと看做せり(獨逸商法八〇二條一項)

乙　積荷の所有者か保險契約をなす場合

積荷の保險契約に於て當事者か保險價格を評定せさるとき若くは其評定の方法を示さゝるときは船積地に於ける船積當時の價格と船積並に保險に關する費用とを以て保險價格とす(商法六五七條獨逸商法八〇三條佛商法三九三條)從つて特別の契約をなすにあらされは保險價格の中に運賃並陸揚港に於て支拂ふへき陸揚費等を包含すへきものにあらす又保險證劵に於て積荷の保險價格を記載せるときと雖も之等の費用を包含すへき記載あらさる場合も亦同一

に解釋せさるへからす(獨逸商法三九三條二項三項)故に右述へたる場合にありては荷主か更らに運賃並に陸揚費等に付保險契約をなすも重復保險を生することとなし

積荷の保險に於て當事者の明約あるにあらされは保險價格の中に積荷の到達により得へき利益(希望利益)を包含するものにあらさるを以て荷主は此利益に付保險契約をなすも重復保險を生することとなし然れとも保險價格中に此利益を包含するものなることを明示したるときは假へ其利益の價格を定めさる場合若くは不明の場合と雖も更らに此の利益に付保險契約をなすことを得さるものとす商法に於ては此利益の價格か如何なる割合により保險價格の中に包含せらるゝものなるやを示さゝる場合若くは不明の場合に付規定を設けさるを以て當事者の意思幷商慣習により之を定めさるへからす獨逸商法に於てかゝる場合には保險價格の百分十を以て利益の價格と看做せり(獨逸商法八〇五條八〇六條)被保險者か積荷の到達により得へき利益のみを保險に付したる場合に其保險價格を定めさるときは保險金額を以て保險價格となしたるもの

と推定す(商法六五八條獨逸商法八〇六條)

第三項　再保險

再保險とは保險者か被保險者に對し負擔せる危險を更らに第三者をして負擔せしむるの契約を謂ふ蓋保險者か自己の負擔する危險に付更らに保險契約をなすを得るは契約の自由主義に基くものにして從つて被保險者は再保險契約の當事者にあらさるか故に再保險の保險者に對し直接に權利を有するものにあらす然れとも被保險者は之れにより特に安全なる擔保を得たるものと云ふを得へし畢竟保險の目的の滅失の場合に保險者の無資力の爲めに損害の塡補を受くる能はさる場合に再保險の保險者により之か塡補を受くることを得るものとす

再保險は主たる保險契約の存在せることを條件とするものなるを以て海上保險契約の一種なること明かなり從つて再保險契約の成立、及效力幷當事者の權利義務に關しては海上保險契約に關する規定を適用すへきものとす再保險契約は主たる保險契約の存在せることを條件とするものなれとも等しく單獨の契約なるを以て之を債務の更改なり(保險者たる債務の變更による更改)と謂ふことを得す故に再保險の保險者は保險の目的の滅失若くは毀損の場合に主たる保險の被保險者に對し損害を塡補するの責任を有すれとも被保險者は直接に之に對し塡補の請求をなすことを得す

再保險は保險の一種なるを以て損害塡補の契約なりと云ふことを得るか故に保險者は再保險をなしたるにより利益を得へきものにあらす保險者は主たる保險契約の保險價格に超過する金額を以て再保險をなすことを得す又保險者の負擔する危險と再保險の保險者の負擔せる危險とは其範圍を同うせさるへからす

再保險契約に於ける保險料の問題

保險者か主たる保險の保險金額の全部に付再保險をなしたる場合に主たる保險の保險價格の中に保險料を包含せさるときと雖も再保險の保險價格の中に之を包含せしむることを得るや

甲　保險料を包含せしむへからすとなす說

保險者は再保險の保險價格の中に保險料を含ましむることを得す蓋主たる保險の保險價格中に保險料を含まさるとき換言せは保險者か保險の目的の滅失若くは毀損せると否とを問はす保險料を領收することを得る場合に再保險の保險價格の中に之を含ましむることを得るとせは保險者は保險の目的の滅失若くは毀損により利益を得るものと謂はさるへからす例へは壹萬圓の保險價格に對し保險料を千圓とせは保險者は目的の全部滅失の場合に被保險者に壹萬圓を支拂ふも壹千圓の保險料を領收するを以て差額九千圓を支拂ふの結果となるへし若し保險者か再保險の保險者より壹萬圓を領收するとせは其超過額壹千圓を、利益するものなり依之看之保險者は再保險の保險價格の中より保險料を控除すへきものなりと

乙　保險料を含ましむるを得るとなす說

保險者は被保險者より領收せる保險料を控除せすして再保險の保險價格を定むるも利益を得るものにあらす若甲說の如く保險料を控除すへきものとせ

は保險者は保險の目的の滅失の場合に却て損失を生するものとす例へは壹萬圓の保險價格に對し千圓の保險料とするときは保險者は保險の目的の滅失の場合に差額九千圓を被保險者に支拂ふの結果となること甲說の如し然れとも保險者が再保險の保險價格を九千圓となすへきものとせは假りに再保險の保險料を九百圓と定め再保險の保險者より其差額八千百圓を領收する結果となるへし從つて保險料九百圓は保險者の損失に歸するものと謂はさるへからす此の如き結果を生したるは畢竟保險者か保險料を再保險の保險價格中に加へさるに原因せるものなるを以て甲說の理由に乏しきことを證するに足るものとすと

第三節　保險料

被保險者若くは保險契約者か保險者に支拂ふへき保險料は海上保險契約に於ける第三の要素にして保險者か海上の危險を負擔するか爲めの報酬なりとす保險料は通常保險金額に對する一定の律により金錢を以て支拂はるゝもの

とす然れとも必しも金錢に限るへきものにあらさるを以て被保險者は契約により保險料として貨物若くは勞務を供することを得へし又た保險料の額を示さすして保險者に報酬を與へんか爲め被保險者自ら或る勞務に服する場合あり例へは傭船契約に於て傭船者自ら保險者となることを約するか如し此場合には運賃は普通傭船契約に比し小なるを例とすれとも畢竟運賃の低廉なるは即ち暗に保險料を控除せるものなりと謂ふを得へし換言せは船主の支拂ふへき保險料と傭船者の支拂ふへき運賃とを相殺したると同一の結果を生するものなり此實例として特に示すへきものあり戰時にありて國家か其軍隊、兵器、彈藥及糧食を輸送せんとするに當り船舶所有者と傭船契約をなすと共に國家自ら戰時の危險に付船舶の保險契約をなすことあり斯かる場合に於て國家は船主より保險料として一定の金額を領收するものにあらす然れとも運賃は普通の場合に比し國家か船舶の保險に付責任を負ふか爲め低廉なるものなること疑を容れさるなり

保險料の確定。保險料の額は種々の事情により決定せらるゝものにして或

は保險の目的に付保險者の觀察する保險の大小に比例し或は船舶の年齡、建造の善惡材料の良否に比例することあり船長の人物の如何も船舶の保險に付ては保險料の確定に大なる影響を有するものと謂はさるへからす要之保險者か保險契約をなすに當り其保險の大小を判定し以て保險料の額を決定するは商行爲に於て最も困難なる問題なりとす故に保險者は保險の觀察に付て熟練なる智能を有するときと雖も早卒の際遂に緊要なる部分の觀察を視線の外に逸することあり殊に保險の價格の評定の如き多くは概算たるの譏りを免るゝこと能はす加之易々として保險に應するの弊あるか爲めに自己の負擔する保險の範圍と大小とを蔑視するの結果目的の滅失若くは毀損を生したるに當り之か塡補をなすに及び始めて其損害の頻繁なると金額の多大なるとに驚き百方之か支拂の免除と減額の手段とを講せんとするの愚をなす亦た怪むに足らさるなり

第三章　海上保險證劵

保險者は保險契約者の請求により保險證劵を交付すへきものとす(商法四〇三條)而して保險證劵に記載すへき事項は商法に之を一定せるか故に若し其記載事項の中に付記載を缺きたるときは他の事實により之を證明するの責任を生す蓋保險證劵は保險契約の要素にあらす之が證明をなすの書類なるを以て保險證劵中に記載なき事項に付ては當事者に於て之か證明をなすへく又記載事項と雖も事實と相違せるものに關しては他の證明の方法により之を變更することを得るものとす

契約の當事者は保險證劵に記載すへき事項の外他の事項を附記することを得へし然れとも商法に規定せる必要事項の記載を缺きたる時は當事者の責任を如何に決す可やは次に保險證劵の記載事項を説明するに當り之を述へんとす

第一節　記載事項

第一　保險の目的

保險の目的とは保險契約に於て海上の事故にかゝり損害を生すへき被保險

の利益を謂ふ即ち船舶、積荷、運貨其他積荷の到達により得へき利益、又は報酬を表示するを云ふ而して船舶の保險に付きては船舶の名稱、國籍、種類船長の氏名及發航港、到達港寄航港をも表示すへきものとし積荷保險若くは其到達により得へき利益又は報酬の保險に付きては船舶の名稱、國籍、種類、船積港、及陸揚港を表示するを要す(商法四〇三條六六一條)

船舶の名稱　船舶は他に同一の名稱を有するものあるを以て單に名稱のみを表示するときは何れの船舶を以て保險の目的となしたるやを知ること能はさるか故に船舶に付きては其名稱の外種類國籍、船長の氏名をも表示すへきものとせり船舶の國籍を表示するは戰時にありて特に其必要を生することあり、船長の氏名を表示するは畢竟船長の技倆により危險を防止することを得へく特に保險者か船長の輕過失より生する損害に付て責任を負ふへきことを契約する場合には船長の人物如何は保險契約の成立に大なる影響を及ほす者と謂はさる可らず然れとも積荷の保險に付ては保險者は大概其積荷の種類性質等により危險の大小を判定し船長の人物如何に重きを置くこと少きか故に船長の氏名を記載するを要せさるものとせり此の如く船長の氏名は契約の效力に何等の影響を及ほさゝるを原則とするを以て若し被保險者が船長の氏名に重きを置き其變更により保險契約の效力に影響を及ほすへきものなることを契約せんとせは特に保險證劵に之が記載をなすことを要するものとす

船舶若くは積荷の保險に於て其到達港若くは陸揚港と發航港若くは船積港及寄航港とを表示するは船舶若くは積荷の航海を決定するものにして之れにより保險者の負擔せる危險の時と場所とを知ることを得べし

第二　保險者の負擔せる危險

保險者の負擔せる危險とは保險の目的か罹かるへき海上の事故を云ふ商法に於ては保險者か負擔すへき危險に付二三の制限を設けたるの外他に負擔すへき危險の主要なるもの列擧せさるか爲め此制限的事項を除き他の海上の事故に付きては常に責任を有するものと解釋せさるへからす若し保險者か或る特種の危險に付責任を負はさることを欲せは保險證劵に之を表示することを要するものとす

保險者の負擔せる危險と相關連して危險の時と場所とに付問題を生することあり保險者は一定の時と場所とに於て生したる海上の事故にあらされは之か塡補の責任を負ふものにあらさるか故に保險證劵に記載せる危險の時と場所とを變更するときは保險契約の效力に如何なる影響を及ほすへきやは後に述へんとする所なり

船舶の保險に付ては其發航港と到達港及寄航港を表示し積荷の保險に於ては其船積港と陸揚港とを表示するを要するは保險者の負擔せる危險の時と場所とを定めんか爲めなること前述の如し今左に三種の保險に付保險者の負擔すへき危險の範圍を定めんとす

甲　航海を定めたる保險契約

保險證劵に於て保險者の負擔すへき危險を定むるに當り期間によらすして航海によりたるときは航海を定めたる保險契約なりとす而して當事者は一航海に付船舶を保險に付することあり或は往航に付之をなすことあり或は歸航のみに之をなすことあり如此保險證劵に於て船舶の航海を定めたるときと雖

も屢々航路を記載せさることあり此場合に當事者の意思は最も近くして且最も安全なる航路によるものと推定せさるへからす航海は發航港到達港及寄航港の表示により之を定むることを得へし然れとも航路と之を混同せさることを要す航路とは船舶の航行し得へき二個若くは二個以上の港の間の海路を云ふ故に一航海に付數個の航路あることを知るを得へし

乙　期間を定めたる保險契約

保險證券に於て保險者の負擔すへき危險を一定の期間に限りたるときは保險者の責任の始期と終期とは此保險期間により知ることを得へし故に期間を定めたる保險契約にありては商法に於て保險者の責任の始期と終期とに關する規定の適用を受くることとなしとす

丙　期間と航海とを同時に定めたる保險契約

保險證券に於て保險期間と航海とを併せて記載せるときは保險期間の經過せるに拘らす船舶か航海を終了せさるときは保險者の責任に付問題を生するを以て其何れに重きを置きたるものなるかを精細に表示するを要す

第三　保險價格（即保險の目的の價格）

保險價格は必しも保險證券に記載することを必要とするものにあらす而して之を記載せさるときと雖も當事者は之を增減することを得さるにあらす蓋保險證券に於て保險價格を記載したるときは被保險者は保險の目的の滅失若くは毀損の場合に損害の塡補を請求するに當り保險價格を證明するの責任を免るものとす從て之か記載を缺きたるときは被保險者は損害の塡補を請求するに先ち保險の目的の價格を證明するの責任を生するものとす商法は此場合に如何なる方法により其價格を評定すへきやを規定せさるか爲め實際上困難なる問題を生することあり而れとも積荷の價格の評定に付きては市價なるもののあるを以て保險の目的にして市價により其價格を定むるとせは幾分か其不便を減するを得へし

船舶の保險價格は保險者の責任の始まる時の價格により定むるものとす（商法六五六條）るか故に船舶の出航に先ち保險契約をなしたるときは積荷若くは底積の船積に着手したるときの價格によりて之を定め出航後に之をなしたる

ときは契約成立當時の價格により定むるものとす而して船舶登記簿により船舶の價格を知るに必要なる材料を調査するは最も肝要なりとす

積荷の價格は船荷證券其他積荷の價格を評定するに足るへき書類により之を知ることを得へし然らざれば船積當時の市價によることを得然れとも積荷の買入代金にして數年前の市價によるへきものなるときは船積當時の市價により之を評定することを得ず畢竟此場合に市價によりて定めたる價格は積荷の實價にあらさるなり

積荷の到達により得へき利益を保險に付したるときは利益の保險價格は陸揚港に於ける積荷の價格によらさるへからす然れとも此利益は不確實にして豫め一定すること能はさるを以て若し當事者か保險證券に其價格を表示せさるときは保險金額を以て保險價格となしたるものと推定す

第四　保險金額

保險證券に保險金額を記載するを必要とするは保險契約に於ける保險者の負擔額の限度を示さんか爲めなり茲に保險金額と保險價格とを混合せさるこ

とを要す蓋被保險者は常に保險價格の全部に付保險契約をなすものにあらす或は同一の目的に付數個の保險契約をなすことあり斯かる場合には各保險者は保險價格の一部を以て各自の保險金額となしたるものなり

保險金額は保險の目的の滅失若くは毀損の場合に保險者の負擔額の限度を示すものなるを以て若し此表示を缺くときは被保險者は損害の塡補を請求せんとするに當り其金額を知ること能はす然れとも斯かる場合に保險金額の表示の缺欠を理由として直ちに契約を無效となすへきものにあらず保險者か保險價格の全部に付き保險契約をなしたるとの證明をなすを得は容易に保險金額を決定することを得へし保險證券に保險金額を記載せさるは畢竟保險價格を以て保險金額となしたることを默諾せるものなりと推定するを得る場合ありとす

第五　保險料及支拂方法

保險料は保險者の危險負擔に對する報酬にして保險の目的か海上の事故により損害を生すると否とを問はす支拂ふへきものなるを以て保險證券に之を

記載するを要するものとす然れとも保険料は報酬なるを以て必しも金錢に限るへきにあらす或は一定の勞務を保險者に供することを記載するか如き亦之を保險料と名付けることを得るものとす

保險證券に保險料の記載を缺きたるときは其作成の土地に於ける商慣習により之を定むることを得へし又た保險料は保險契約をなすと同時に之を支拂ふを常とすれとも或は其支拂の方法に付期間を定むることあり此場合には當事者間に新たに保險料に付ての債務關係を生するを以て其期間幷支拂の方法は精確に之を表示すへきものとす然らされは保險契約の成立と共に保險料を支拂ふへきものなりと推定せらるゝも異議を述ふることを得さるものと謂はさるへからす

第六　保險契約者の氏名又は商號

保險契約は被保險者と保險者との間になさるゝことあり或は被保險者の代理人によりなさるゝことあり或は又た代理權を有せさる第三者か被保險者の計算に於て之をなすことあり被保險者か直接契約をなしたる場合には被保險

者の氏名又は商號を記載すべく代理人により之をなしたる場合には被保險者の氏名又は商號を記載すへく或は代理人の氏名又は商號を記載するも妨けなしとす(商法二六二條)第三者か被保險者の計算により契約をなしたるときは其者の氏名又は商號を記載すへきものとす

保險者の氏名若くは商號を保險證券の記載事項の中に加へさるは保險者は保險契約者の請求により保險證券を作成し之を交付するに當り署名すへきものなるを以て二重の記載を避けたるなり(商法四〇三條)

第七　保險契約の年月日

保險契約の年月日は左の場合に必要あるものとす

甲　保險金額支拂の義務は二年保險料支拂の義務は一年を經過するときは時效により消滅す(商法四一七條)

乙　同一の目的に付同一の危險に對し數個の保險契約ありたる場合に契約の日附の前後により各保險者の責任を區別す(商法三八八條)

丙　保險契約の當時當事者の一方若くは被保險者か保險の目的の既に滅失せ

ること又は到達せることを知りたるや否やを決定するは保險契約の日附によるものにして若し保險の目的の滅失若くは到達を知りたる日か契約の日附の前なるときは契約を無效とすへきものとす

契約の日附の記載を缺きたるときは當事者は事實上之か證明をなすにあらされは右に列擧せる利益を主張することを得さるなり

第八　保險證劵の作成地及其年月日

保險契約の成立及效力に關しては當事者間に特別の契約なき時は契約を爲たる土地の法律を適用すへく且保險證劵の作成地を以て契約を爲したる土地と看做すを得るを以て作成地の法律は保險契約の成立及效力を定むるに當り必要なる者とす保險契約の形式に付ても亦之と同一の解釋をなすことを得へし

保險證劵の作成の年月日と契約の年月日とを混合せさることを要す蓋兩者の日附の異なりたる場合に當事者の責任を定め契約の效力を決するは契約の年月日によるへきものとす

第九　保險期間を定めたるときは其始期及終期

一航海に付船舶若くは積荷を保險に付したるときは保險者の責任の始期及終期は商法に於て規定するか故に疑義を生することなしと雖も(商法六五九條六六〇條)當事者か保險期間を定めたるときは保險證劵に其始期と終期とを表示することを要す然らずば保險の目的が海上の事故に罹かり損害を生したる場合に其損害は果して保險期間中に生したるものなりや否やを決すること能はす加之船舶の保險に付ては保險者の責任の始まるときに於ける船舶の價格を以て保險價格となすものなるか故に(商法六五五條)此場合に期間の記載を缺くときは保險價格を定むるに當り困難を生するのみならす被保險者は其始期と終期とを證明するにあらされは保險者に對し損害の塡補を請求するを得さるなり

第四章　保險者の義務

海上保險契約に於ける保險者の主要なる義務は海上の危險により保險の目的に生じたる損害を塡補するにあり而して保險者の塡補すへき損害の中には船舶若くは積荷に生したる物質的損害のみならず之に要したる特別の費用を

も含むものとす例へは保險者は被保險者の共同海損の分擔額をも塡補するの責任あるか如き即之也

第一節　保險者の負擔すへき海上の危險

保險者は保險の目的に生したる一切の損害を塡補するの責任あるものにあらず唯だ保險者の負擔せる海上の事故により保險の目的に生したる損害に付責任を負ふものとす今左に海上の危險を三種に區別し保險者の負擔すへき危險を定めんとす

一、常に海上保險契約の中に含まれ保險者の負擔すへき危險但當事者の反對契約により之を除外することを得

二、當事者の特別の契約あるにあらされば保險契約の中に包れす從つて通常保險者の負擔に屬せさる危險

三、當事者の契約あるも絕對に保險契約の中に含まれず從つて保險者の負擔すへきものにあらさる危險

第一　常に海上保險契約の中に含まれ保險者の負擔すへき危險但當事者の反對契約により之を除外することを得

保險者は航海の事故によりて生したる損害を塡補するの責任あるものとす而して航海の事故とは即ち海上の危險を謂ふものなるを以て保險者の負擔すへき危險は海上の危險なりと云ふを得へし又海上の危險は直接に海自體より生することあり暴風雨の際に生する大浪の如き之也或は海上に於て他の原因より生することあり例へは船舶の衝突の如き之也又海上の事故とは全く關係を有せすして海上に於て保險の目的の滅失若くは毀損を生することあり例へは船舶若くは積荷の瑕疵より生する損害之也斯の如く保險者の負擔すへき海上の危險は直接海自體に原因するものと他の原因により海上に於て生するものとの二者を含むものにして天災其他の不可抗力によると將た人の行爲によるとを區別せさるなり此結果として陸上危險は保險者の負擔すへきものにあらさるや明かなり然れとも船體の修繕の爲め入渠するに際し其修繕期間中積荷を陸揚する場合に特別の契約により船舶及積荷に付陸上の危險をも負擔す

ることあり蓋例外の場合に屬するものとす(獨逸商法八二四條)今海上の保險にして普通に生するものを左に揭け保險者の責任を說明せん

甲　船舶の衝突

船舶の衝突が船長の過失により生したるときは保險者は反對契約あるにあらされは衝突により生したる損害を塡補するの責任なきものとす然れとも他の船舶の過失により衝突したる場合若くは衝突の原因か不明なる場合には保險者は損害を塡補するの責任を生するものとす畢竟第三者の過失より生したる損害若くは原因の不明なる損害に付ては保險者は被保險者の請求に對し抗辯をなすの理由を見出すこと能はさるものとす

乙　船舶の火災

船舶の火災の原因に付きては種々あり或は遇然の事故(例は落雷の如し)に原因することあり或は船長其他の船員の惡意若くは過失に原因することあり或は船舶、積荷の瑕疵に原因することあり或は又交戰國若くは海賊の砲火に原因することあり而して保險者か船舶の火災より生したる損害に付塡補の責任を有するは火災が偶然の事故及保險者が特に契約により負擔せる事故に原因する場合に限るものとす然りと雖も保險の目的に生したる火災にして他の物の瑕疵に原因せる場合は保險者の責任を免除すへきものにあらす但此場合に保險者は他の瑕疵ある物の所有者に對し損害の賠償を請求するを得るは疑ひを容れさる所なり

第二　當事者の契約あるにあらされは保險契約に含まれさる危險

海上の危險にして當事者の契約あるにあらされは保險者の負擔に歸せさるものあり蓋此等の危險は性質上絶對に保險者の負擔に歸することを得さるにあらず唯其危險の特種なると當事者の意思とを推定して普通の海上の危險より之を除外したるのみ故に保險者が特に此種の危險をも負擔すへきことを保險證券に表示したるときは保險者は之れによりて生したる損害を塡補するの責任を生するものとす左に此種の危險を例示せん

甲　船長の過失

保險者か船長其他の船員の過失より生したる損害を塡補するの責任を有す

るや否やに付きては古來各國立法例の規定を一にせさるのみならず學者の說も亦區別に分れたるものにして Baratri de Patron なる名稱の下に種々の解釋を生したるものとす古來此語は船長の故意より出てたる行爲を示すに用ゐられたれとも或は又船舶を破壞せんとする船長其他の船員の犯罪行爲を示すものとして狹義に使用せられたることあり然れとも第十七世紀の頃より船長其他の船員の故意に出つる行爲の外過失による行爲をも含むものとし廣義に使用せらるゝに至れり

船長其他の船員の過失による損害に付保險者の責任を免除したるは畢竟當事者の意思の推定と一は保險者は海上の危險にあらされは其責任を負はすとの理論とより立法上の理由となりたるによるものならん然れども船主は船長をして船舶の航海に關する指揮を司らしむるにより旣に海上の危險に罹らしむるものと謂はさるへからす又積荷所有者は積荷の運送を委托するにより海上の危險の發生するを自覺せさるへからず此等の場合に於て船長の指揮に付完全無缺の結果を望まんとするは不可能の事實を待つものに外ならす故に船

長其他の船員の過失により生したる損害は絶對に當事者の意思に反するものなりとし若くは保險者の負擔すへき海上の危險にあらずとなすは其の當を得たるものにあらず畢竟保險者の過失に付責任を有すると云ふは過失自體に付き責任を有すと云ふにあらずして過失により海上の危險を生し之か爲めに蒙りたる損害に付責任を有すると云ふにあり從來各國の立法例は當事者に反對の契約ありたるときは船長其他の船員の過失より生する損害に付保險者の責任を認むるものとせり商法によれは船長は自己に過失なきことを證明するにあらされは其責任を免るゝことを得さるものとし且つ船主は特約をなしたるときと雖も船長其他の船員の惡意若くは重大なる過失に對し責任を免るゝことを得さるものとせり然れとも保險契約殊に船舶の保險に於て船長の輕過失の場合にも絶對に保險者の責任を生せさるものとせば保險者が船主に對する損害塡補の責任は殆んど常に消滅せるものと謂ふことを得へし蓋船舶に損害を生すへき海上の危險の多くは船長の過失に責を歸することを得るを以てなり民法の規定によるも傭主が使用人の過失に對するの責任を免るゝは敢て公の秩

序に反するものにあらざるを以て海上保險契約に於て船主か其使用人たる船長其他の船員の輕過失に對し責任を負はさることを積荷の所有者と契約することを得るとせは積荷保險契約に於て保險者をして船長其他の船員の過失より生する損害をも塡補せしむることを得るや明かなり盖船長其他の船員の撰擇幷指揮は一に船主に屬し荷主の毫も與り知る所にあらさるを以て其者の性質如何は以て荷主に責任を負はしむるの理由となすに足らさるなり

船長其他の船員の過失に對する責任は特別の契約により之を除外することを得ること前述の如し然れとも保險者は被保險者の過失より生する損害を塡補するの責任なきを以て船長が同時に船舶の所有者なるときは假へ特別の契約によるも保險者をして自己の過失により生する損害に付責任を負はしむることを得さるものとす(商法三九六條)

乙　船舶若くは積荷の瑕疵

船舶若くは積荷の瑕疵より生する損害は海上の危險とは何等の關係を有するものにあらず唯保險の目的の比較的急速なる敗壞若くは毀損を謂ふものな

るを以て保險者をして之が塡補の責任を負はしむへきものにあらず故に商法は原則として保險の目的の瑕疵より生する損害に付保險者の責任を免除せり(商法六六七條獨逸商法八五二條佛商法三五二條)例は船舶か建造の不完全なるか爲め破壞して修繕すること能はさるに至る場合或は積荷の包裝の不完全の爲め航海中の動搖により毀損を生するか如き之れに屬す然れとも積荷に生したる損害にして船舶の瑕疵に原因するときは積荷の保險者は損害を塡補するの責任を免除せらるゝものにあらず蓋瑕疵より生する損害に付保險者の責任を免除するは保險の目的の瑕疵より直接に生したる損害に限るへきものにして從つて船舶の瑕疵により積荷に生じたる損害は積荷の保險者より見れは保險の目的の、瑕疵より生したるものと謂ふを得す等しく海上の事故に原因したるものと看做すへきものとす

實際に於ては船舶若くは積荷の瑕疵より生する損害は多くは海上の危險に罹り始めて之を發見するものなるを以て此場合に保險者の責任の範圍を正確に定めんとするは最も困難なるものなりとす今左に船舶及積荷の瑕疵に關す

る重要なる問題を擧けん
船舶の瑕疵。船舶は航海をなすに先ち一定の檢査をなすことを要す(船舶法參照)而して船主か一定の檢査を受けたるときは船舶か其航海をなすに堪ゆるものなりと推定することを得へきか故に檢査の後保險者が船舶の瑕疵により損害の生じたるものなることを主張せんとせば自ら之か證明をなすの責任あるものとす。船舶の瑕疵と老朽とを區別することを要す保險者は契約の當時船舶の製造の年月、及其材料の良否幷に現在の狀況を知ることを得るか故に老朽なる船舶に付保險契約をなしたるときは暴風雨、乘揚、衝突、其他海上の事故に罹り新造の船舶よりも比較的多大の損害を生すへきものなることを豫期せさるへからず然れとも保險者は海上の事故に原因する損害にあらされば塡補の責任を有せざるものなるを以て如何に老朽なる船舶と雖も航海をなすに堪へさる船舶に對しては保險者の責任を生せさるや明かなり盖船舶は常に平穩なる海上のみを航行するか爲めに製造せられたるものにあらず海上の風波に堪ゆるを得るは船舶保險の條件なるか故なり而らは船舶に生したる事故が果して保險者の負擔せる危險に屬すへきや否やを如何にして知ることを得るや船舶の乘揚げ若くは衝突ありたるときは果して海上の事故(即保險者の負擔せる危險)に原因するものなるや否やは容易に判定することを得べし從つて此場合には保險者は船舶か老朽なるを理由とし其損害を多大なりとして責任を免るゝことを得ず之れと等しく暴風雨に遭遇して新造の船舶が難破せざるに拘らず老朽の船舶か難破若くは沈沒せる場合も亦同一に解釋することを得へし要之之れ等の場合に船舶の破損は其瑕疵に原因するにあらずして唯老朽なるに由るものとす然れとも海上の狀態は晴雨計に示すが如く平穩なる時と暴風雨の時との中間の狀態あるあり如何なる狀態に達すれは保險者の負擔すへき危險の狀態ありたるものと云ふを得るや事實の判定上別に一定の標準なきを以て玆に其狀態に付正確なる規定を設くること能はず然れとも若し海上の平穩なるに拘らす船舶に損害を生したりとせば船舶か其瑕疵を有したるものにして安全に航海をなすに堪へさるものなることは容易に證明することを得るものと云はさるへからす

船舶の出航後單時間内に右述へたる損害を生したるときは保險者の責任に付問題を生すること少しと雖も船舶か寒帶地方の港より熱帶地方の港に向ひ長途の航海を爲すに際し永く熱帶の港灣に碇泊するときは日光の直射の爲め船舶の外舷の吃水の上部に空隙を生し歸航に際し積荷を滿載するときは海水の浸漏により船艙の積荷に損害を生することあり此の如きは出航に先つ船舶の瑕疵に原因するものなりと云ふを得へし

稽荷の瑕疵。　積荷は種々の原因により毀損若くは壞敗を生するものにして或は性質より生する積荷の滅失若くは毀損も亦積荷の瑕疵による損害と同一に見做すことを得へし例へは積荷が航海中海上の事故に罹らさるに拘らす壞敗若くは毀損して陸揚港に到達するか如き即ち性質による損失なりとす

船舶若くは積荷に生したる損害にして瑕疵に原因するものなりや否やを證明することと能はさるときは海上の事故によりて生したるものとして保險者の責任を認むへきものとす盖保險者か損害塡補の責任を免れんとせは損害か保險の目的の瑕疵に原因するものなることを證明すへきものなるか故に若し此證

明をなすことを得すとせは塡補の責任を免ることと能はさるものとす

以上述ふるか如く保險者は特別の契約あるにあらされは保險の目的の瑕疵より生したる損害を塡補するの責任なしと雖も保險の目的の瑕疵より生したる損害は特別の契約により悉く保險者の責任を生することを得るものと謂ふを得ず先つ保險の目的の瑕疵が被保險者若くは保險契約者の惡意若くは重大なる過失に原因せる場合と然らさる場合とを區別し瑕疵が惡意若くは重大なる過失に原因するものなるときは假へ保險證劵に保險の目的の瑕疵より生する損害に付保險者の責任あることを記載せるときと雖も絶對に保險者の責任を認むへきものにあらす唯た瑕疵か輕過失其他の原因によるものなるとき保險證劵に記載せる保險者の責任を認むべきものとす

丙　戰爭其他の變亂

商法に於ては當事者間に特別の契約あるにあらされは保險者は戰爭其他の變亂より生する損害を塡補するの責任なきものとせり(商法三九五條然れとも保險の目的に生したる損害か果して通常の海上の事故(即ち通常保險者の負擔

せる危險に原因せるものなりや將た戰爭其他の變亂に原因せるものなるやを判定するは最も困難なる問題にして從て保險者の責任に付疑義を生すること少しとせず例は船舶が敵艦の追擊に遇ひたるとき其砲火を避くるが爲め航路を變更するの止むなきに至れり然るに船舶は不幸にも其新航路を航行中暴風雨に遭遇して沈沒せり此場合に保險者は戰爭に原因せる損害に付責任なきことを理由として損害塡補の義務を免るゝことを得るや

被保險者の利益に解する論者の說によれば船舶が敵艦の砲火の爲めに航路を變更したるは止むを得ざる强制即ち不可抗力に原因せるものなり故に船舶は通常の海上の事故により沈沒したるものとして保險者は損害塡補の責任を免るゝことを得ざるなりと

保險者の利益に解する論者の說によれば航路の變更及船舶の沈沒は共に戰爭の危險に原因するものなるを以て保險者は特別の契約をなしたる時にあらざれば損害塡補の責任を有することなしと

商法に規定せる戰爭其他の變亂より生ずる損害とは戰爭其他の變亂より直

接に生じたる損害を意味するものと解釋せざるべからず然らざれば戰爭其他の變亂に際しては普通の海上保險契約に於ける保險者の責任の範圍(即危險の範圍を云ふ)をして最も狹隘ならしむるの結果を生ずるに至らん蓋戰爭の開始と共に港灣の閉鎖、燈臺の消火、により航路の危險を增加し從つて保險料騰貴を來すのみならず投機的の契約を事となすものを生ずるを以て此の如き場合に戰爭に直接原因せざる損害に付ても戰時の危險より生ずるものなりとして保險者の責任を免除するものとせば戰時に於ける航海業を保護することを得ざるものと謂はざるべからず

附　戰爭の狀態が終局を告げたるときは交戰國政府は平和條約若くは國の法規に基き一定の手續により或る期間內に戰時の障害物殊に彼我の港灣に沈置せる水雷を除去し航海の安全を計るの義務あるものとす然れども此等の障害物を除去し其他戰時に施設せる種々の障碍を除去するに付ては時日を要するのみならず或は悉く之を除去することを得ざることあり(日露戰役後浮流水雷の爲め日本海に於て船舶の暴沈の災厄に罹りたるが

如き其結果なりとす)故に平和克復の後と雖も尙戰時に於ける危險の狀態の存續するものと謂ふことを得べし今若し平和克復の後船舶が此水雷に接觸して沈沒せりと假定せば保險者は船舶が戰時の危險に罹りたるを理由として塡補の責任なきことを主張することを得るや

政府が除去することを得ざる水雷若くは之を忘却したる水雷は恰も戰時にありて港口封鎖の爲めに沈沒せしめたる船舶の龍骨が平和克復の後港口の障害となれるが如く航海の障害をなすものにして水雷は既に戰時の機具たる性質を失ひたるものなり故に保險者は之れより生ずる損害を塡補するの責任を有するものなり(de Courcy)の說右の如く單に遺留せる水雷を以て既に戰時の機具にあらずとして保險者の責任を認むるとせば戰時に施設せる水雷は如何なる時期に於て戰時の機具たるの性質を失ふに至るや

第三　當事者の契約あるも絕對に海上保險契約に含むことを得ざる危險

甲　被保險者若くは保險契約の惡意若くは重大なる過失により生したる損害

被保險者若くは保險契約者の惡意若くは重大なる過失により生じたる損害は絕對に保險者に於て塡補の責任なきものとす蓋相手方の惡意若くは重大なる過失に付責任を負ふとの契約は畢竟惡意若くは重大なる過失を獎勵するに異ならず故に公の秩序に反するものとして之を無效とすべく保險者の責任を生ぜざるものなること明かなり船長が同時に船主たる場合にも船長の過失に付保險者の責任を有することを契約すること能はざるものなること前述の如し

乙　船舶又は運賃を保險に付したる場合に於て發航の當時安全に航海をなすに必要なる準備をなさず又は必要なる書類を備へざるにより生じたる損害

商法に於ては船主は運送契約をなすに當り傭船者又は荷送人に對し發航の當時船舶が安全に航海をなすに堪ゆることを保證すべきことを規定せるに拘らず保險に關しては契約をなすに當り發航の當時安全に航海をなすに堪ゆることを保證すべき規定を缺くものと云はざるべからず英國の如きは船舶が發航の當時安全に航海をなすに堪ゆるの狀態を有するは保險契約の成立條件と

看做し從つて被保險者が船舶に生じたる損害の塡補を請求せんとせば先つ船舶が安全に航海をなすの狀態を有して發航せることを證明することを要するものとせり商法の解釋としては佛其他の商法の如く船舶の檢査は船舶が安全に航海に堪ゆるものなることを推定するものとして保險者に航海不能の事實を證明するの責任を負はしめたるものと謂はざるべからず

船舶に必要なる書類を備ふるを以て保險者の責任の條件となしたるは蓋此等の書類は船舶の航海に關する一切の責實の記錄にして管海官廳に對する報告の基本たるを以て船主が損害の塡補の請求をなすに當りても此記錄により事實の證明をなすべきものとす故に若し此書類を缺くときは損害の原因を知ること能はざるのみならず往々詐僞の行爲の行はるゝことあるを以て特に之を規定したるなり

丙　積荷を保險に付し又は積荷の到達により得べき利益若くは報酬を保險に付したる場合に於て傭船者、荷送人、又は荷受人の惡意若くは重大なる過失によりて生じたる損害

保險者は被保險者若くは保險契約者の惡意若くは重大の過失により生じたる損害を塡補ずるの責任なきこと前述の如し然れども被保險者若くは保險契約者以外の者にして保險の目的の受渡其他の行爲に關係するものゝ惡意若くは重大の過失により損害を生ずることあり此の如き場合に之等の者が被保險者の代理人なる場合に於ては保險者は塡補の責任を免るゝことを得ると雖も而らざる場合は被保險者の請求を拒否することを得ず然れども其損害の性質に至りては被保險者若くは保險契約者の惡意若くは重大なる過失による場合と異なる所なきを以て商法は特に之を規定し保險者の責任を免除せり

丁　水先案內料、入港料、燈臺料、檢疫料其他船舶又は積荷に付航海のために支出したる通例の費用

此等の費用は海上の事故により生じたる損害若くは費用にあらず從つて其費用の性質上保險者の負擔に歸せしむべきものにあらざるなり然れども船舶が航海中海上の危險に遭遇し其沈沒を避けんが爲め若くは損害を修繕せんがため到達港若くは寄船港にあらざる港に避難するに當り此種の費用を生じた

るときは海上の事故により生したる費用として保險者の責任を認めざるべからず

第二節　危險の時及場所

保險者は海上の危險により保險の目的に生じたる一切の損害を塡補するの責任を有するものにあらず其損害は保險證劵に於て定めたる一定の場所と時とに於て生じたるものなることを要するが故に若し當事者が危險に付期間を設けず又は航海を定むるにあらざれば保險契約は其效力を失ふものとす蓋保險者の負擔すべき海上の危險は船舶の航海すべき期間幷海面の範圍により限定せらるゝものにして保險料の律も亦之に伴ひて增減するのみならず船舶は航海を繼續するに從ひ漸次其價格を減少するものなるを以て一定の保險價格を以て長期の保險契約をなすは保險の性質に反するものと謂はざるべからず

保險者の負擔すべき危險の時と場所とに關し海上保險契約を三種に區別することを得べし

一、航海を定めたる保險契約　二、期間を定めたる保險契約　三、航海と期間とを同時に定めたる保險契約之也

第一　航海を定めたる保險契約

船舶の航海に付き保險契約をなしたるときは保險證劵に記載せる發航港、到達港及寄航港により保險者の負擔すべき危險の場所を知ることを得べし然れども保險者が危險に對する責任の始期と終期とは精密に之を知るの必要あるを以て商法に之を規定せり即船舶を保險に付したる場合には保險者の責任は荷物又は底荷（積荷なき場合）の船積に着手したる時に始まり到達港に於て荷物又は底荷の陸揚を終了したる時を以て終るものとし、積荷を保險に付したるとき若くは積荷の到達により得べき利益を保險に付したるときは保險者の責任は其積荷が陸地を離れたるときを以て始まり陸揚港に於て其陸揚を終りたるときを以て終るものとせり、若し又當事者が荷物若くは底荷を船積したる後船舶に付保險契約をなしたるときは別に保險者の責任の始期を定むるの必要あり此場合には契約成立の時を以て始まるものとせり積荷を船積したる後保險契

約をなす場合も亦た同一に解すべきものとす蓋此等の場合に船舶若くは積荷は旣に保險者の負擔すべき海上の危險に罹るべき狀態にあるを以て契約成立の時を以て保險者の責任を始むるものとなすは最も至當なりとす(商法六五九條六六〇條獨逸商法八二八條)

到達港に於て積荷若くは底荷の陸揚が不可抗力により延引したるときは保險者の責任を消滅せしむることなしと雖も其他の原因により遲延したるときは其終了すべかりし時を以て保險者の責任を消滅せしむるものとせり(商法六五九條二項)

航海に付船舶の保險契約をなしたる場合に保險者の責任が積荷若くは底荷の船積により始まりたるときは其航海中寄航港に碇泊するとき若くは暴風其他の不可抗力により避難港に入りて碇泊せるときと雖も保險者の責任を消滅せしむるものにあらず

第二　期間を定めたる保險契約

當事者か保險證劵に於て保險期間を定めたるときは保險者は其期間內海上

の危險を負擔するものにして保險者の責任の始期と終期とを定むるには理論上最も單純なるものとす然れとも實際上保險の目的が保險期間中に海上の事故により毀損したるに拘らす保險期間の經過したる後に至り保險の目的か滅失せるか如き場合に法規の適用上問題を生すること少なしとせす盖此場合に於て被保險者か損害の塡補を請求せんとせは保險期間中に保險の目的に生したる毀損は必す其目的の滅失を誘致すへきものなることを證明せさるへからす故に此滅失にして他の原因(即保險期間後の事實)によりたるものなるときは保險者は滅失により生したる損害を塡補するの責任なきものとす然れとも保險者は自己の負擔する危險により保險の目的に生したる損害を塡補するの責任あるを以て保險期間内に保險の目的に損害を生したるときは後に其目的か他の原因により滅失することあるも保險者は先きに生したる損害を塡補するの責任を免るゝものにあらす(商法四一三條)但此場合に事實上損害の精算に付困難なる問題を生するは止むを得さるものとす

第三　航海と期間とを同時に定めたる保險契約

保險證劵に於て船舶の航海と保險期間とを同時に定めたるときは保險期間の經過するに拘らず船舶が航海を終了せさるときは保險者の責任の消滅時期に付問題を生することと前述の如し商法は此場合に付規定を缺くを以て此の如き問題を生したるときは當事者の意思を推定して之を定めさるへからす例は當事者か船舶の航海に重きを置きたるものなるときは保險期間の經過するに拘らす航海の終了の時を以て保險者の責任を消滅せしむへきものとするが如き即之なり

保險證劵に於て航海若くは期間を定めたる場合に保險者の責任に影響を及ほすへき事實

航海の變更　保險者は保險證劵に於て記載せる危險により生したる損害を塡補するの責任あるものなるを以て若し船舶が航海を變更したるときは保險者の負擔せる危險の時と場所を變更する者なるか故に契約を無效とせさるへからず而して航海の變更は保險者の責任の始まる前に於て生することあり或は後に生することあり保險者の責任の始まる前に於て航海を變更したるときは保

險者は未た海上の危險を負擔せさるものなるか故に契約を無效とすへきものとすへく其變更の原因か被保險者若くは保險契約者の故意によると將た天災其他の不可抗力にあるとを區別せさるなり(商法第六六二條二項獨逸商法八一七條一項)保險者の責任か始まりたる後航海の變更を生したるときは其變更か保險契約者若くは被保險者の責任を負ふへき事實に原因したるときは保險者は變更後に生したる海上の危險に付責任を負はさるものとす然れとも天災其他の不可抗力に基因したるときは保險者の責任を免除すへきものにあらず(商法六六二條二項獨逸商法八一七條二項)但此等の場合に變更の原因か天災其の他の不可抗力によりたるものなることを證明するの責任は保險契約者若くは被保險者に存するものと謂はさるへからす

航路の變更　船舶の航海は保險證劵に記載せる發航港、到達港及寄航港により之を決定することを得へし而して航路とは發航港到達港及寄航港に到るに付き船舶の航行すへき海路を謂ふものなるを以て一の航海に付數個の航路あるものとす今若し保險證劵に記載せる航路を被保險約者若くは保險契約者の意思により變更したるときは航海の變更の場合と同しく保險者の負擔せる危險の場所を變更したるものなるを以て保險者は其變更後に生したる海上の事故に付責任を負はさるものとす從つて保險者の責任の始まる前にありて之を變更したるときは契約を無效とせさるへからす然れとも變更の原因にして天災其他の不可抗力ありたるときは契約を無效とすへきにあらす此場合に被保險者若くは保險契約者は其變更か自己の責に歸すへからさる事由によりたるものなることを證明するの責任あること前述の如し

商法に於ては被保險者若くは保險契約者の意思により保險者の負擔せる危險を著るしく變更し又は增加する他の場合にも航海若くは航路の變更と同しく保險者の責任を免除するものとせり(商法六六二條獨逸商法八一八條)

航海弁航路に關連して重要なる問題を生することあり被保險者の意思により航海の變更と共もに保險證券に記載せる航路をも變更したるときは保險者は變更後に生したる海上の事故に付責任を有せさるや明かなり然れとも航海を變更したるに拘らず保險證券に記載せる航路の一部を(即共通航路を云ふ)航

行することあり此場合に共同の航路を航行中海上の事故により損害を生したるときは保險者は損害を塡補するの責任を有するや否や

甲　船舶が共通の航路を離れたるときを以て保險者の責任を免除するものとする說

此說によれば船舶は假へ航海を變更したるに拘らず共通の航路を航行する間は保險者の負擔せる危險を增加するものにあらさるを以て保險者の責任を免除すべきものにあらざるなりと

此說は保險者の負擔せる危險を實際上より觀察し航海の變更は此場合に事實上危險の增加にあらざるものと云ふにあり然れども此理由は必しも契約の當時に於ける保險者の意思に適合するものと云ふを得ず或は保險者は他の航海に付きては其航路の如何を問はず契約をなすことを欲せざることあるを豫想せざるべからず

乙　到達港を變更したるときは共通の航路を航行すると否とを問はず保險者の責任を免除するとなす說

此説によれば船舶の航海は發航港と到達港とにより定まるものなるを以て被保險者が到達港を變更したるときは即航海を變更したるものなるを以て船舶が保險證劵に記載せる航路の一部を航行すると否とを問はず保險者の責任を免除すべきものとすと

商法は乙説の主義を採りたるものにして即被保險者若くは保險契約者が到達港を變更し其實行に着手したるときは保險證劵に記載せる航路を離れざるときと雖も航海を變更したるものと見做し保險者の責任を免除せり(商法六六二條三項)蓋航海は發航港、到達港及寄航港により定まるものとせば到達港の變更は即ち航海の變更となるを以て共通の航路を航行すると之を離れたる後とを問はず其變更をなしたるときを以て保險者の責任を免除せざるべからず而して其變更したる時期の如何は事實上之を決するに困難を生ずるを免れず商法に於ては其變更に着手したる時を以て保險者の責任免除の時期とせり故に此規定は保險者の責任を免除すべき時期を定めたるものに過ぎず此規定により始めて保險者の責任を免除するものと解釋するを得ざるなり(商法六六二條

一項獨逸商法八一七條三項）

航海の短縮若くは延長　航海の短縮若くは延長と航路の短縮若くは延長とを混同せざることを要す蓋前者は保險證劵に記載せる航路の上にある寄航港を減少し若くは增加することを謂ふものにして後者は單に船舶の航行すべき海路の里程の增減を謂ふに過ぎざるなり

航海の短縮若くは延長は或は航海の變更を生ずることあり或は航路の變更となることあり從つて之れより生ずる保險者の責任に付ても場合を區別して論ぜざるべからず被保險者若くは保險契約者が保險證劵に記載せる航海を延長したるとき例ば保險證劵に記載せざる港に寄航したるときは保險者の負擔せる危險を增加せるものとして其增加以後の損害に付保險者の責任を免除すべきものとす反之航海を短縮したるとき例ば保險證劵に記載せる寄航港に寄航せざるときは保險者の負擔せる危險を增加したるにあらず却て之を減小したるものなるを以て保險者の責任に影響を及ぼさゞるものとす蓋被保險者若は保險契約者が保險者の負擔せる危險の範圍を減少するの行爲は保險契約の

効力に何等の影響を及ぼさゞるものと云はざるべからず但此場合に寄航港は保険證券に記載せる航路の上にあることを要す而らざれば寄航港に寄航せざるが爲め航路の變更となりたるにより保険者の責任を免除するの理由となることあればなり

保険期間の延長　保険契約に於て保険期間のみを定めたるときは航海の變更若くは航路の變更に付問題を生ずることなしと雖も保険期間の經過するも尙船舶が航海中にある場合には保険期間の經過と共に保険者の責任を免除すへきや將た期間經過の後船舶か或港に入りたるときを以て其の責任を免除するものとなすべきや商法に於ては此場合に付何等の規定なきを以て期間の經過と共に其の責任を免除すべきものと解釋せさるべからず從つて船舶が保険期間の經過後到達港に到達することなく沈沒したりと假定せは其沈沒せる時期は果して保険期間中にありたるや否や保険者に對し速かに沈沒に關する通知を出すこと能はさる場合の如き此區別をなすに付最も困難なるものとす獨逸商法の如きに於ては保険契約に於て保険期間を定めたる場合に期間の經過

せるに當り船舶か航海中にあるときは當事者の反對契約あるにあらされば船舶が最も近き到達港に到達するまて保險期間を延長せるものと看做し且船舶が積荷を其到達港に陸揚する必要あるときは其陸揚を終了するまて之を延長するものとせり(獨逸商法八三五條一項)

船舶の變更　保險證券に記載せる船舶を變更したるにより保險者の責任に付問題を生するは主として積荷の保險に關する場合なりとす蓋船舶の保險に於て船舶を變更するときは保險契約の要素たる目的を變更するものなるを以て契約の效力を失ふものたること疑を容れさるなり

積荷の保險に於て保險契約者若くは被保險者が保險者の責任の始まる前に於て保險證券に記載せる船舶を變更したるときは契約を無效とすへく若し其責任を始めたる後之を變更したるときは其變更後の事故に付保險者の責任を免除す然れ共天災其他の不可抗力により船舶を變更せざるべからさるに至りたるとき若くは其變更に付正當の理由ありたるときは(例へは保險證券に記載せる船舶が航海を變更したるか爲め積荷の陸揚港に寄港せさるに至りたる場

合の如き之れ也)船舶の變更は保險者の責任に影響を及ほさゝるものとす(商法六六五條、獨逸商法八二〇條佛商法三六一條)

積荷の所有者は積荷を保險に付するに當り其船積すへき船舶を定めさることあり此の如き場合には保險者は危險の生すへき場所たる船舶を知ること能はさるを以て被保險者が後に船積すへき船舶を定めたるときは直ちに其船舶の名稱、國籍を通知せさるべからず若し之か通知を忘るときは契約を無效とす(商法六六六條、獨逸商法八二一條)

船長の變更　船長の變更により保險者の責任に付問題を生するは主として船舶の保險なりとす商法は當事者に於て船長の變更に付特別の契約なき限りは假へ保險證券に船長の氏名を記載したる場合と雖も其變更は保險者の責任に影響を及ほさゝるものとす(商法六六四條)

航海の拋棄　航海の拋棄には任意的拋棄と强制的拋棄との二種あり前者は保險契約者若くは被保險者の意思により後者は天災其他の不可抗力によるものにして殊に戰時に於ける到達港の封鎖若くは平時にありて惡疫流行地とし

て船舶出入の禁止等より生するものとす

當事者が保険證劵に於て航海を定めたる場合換言せは其發航港、到達港及寄航港を記載したる場合に航海の任意的抛棄若くは强制的抛棄ありたるときは如何なる時期を以て航海を終了したるものと看倣し保險者の責任を免除することを得るや商法は此點に付別に規定を設けざるを以て問題の生するを免れず獨逸商法に於ては此場合に付規定を設けたり

船舶所有權の變更　船舶所有權の變更は保險契約の效力に影響せさるを原則とす然れ共時として所有權移轉の結果として保險者の負擔せる危險を著るしく增加せしめ若は變更することありかゝる場合に限り契約を無效となすことを得るものとせり（商法四〇四條）

船舶國籍の變更　船舶國籍の變更も亦所有權の變更の場合と同一に解釋することを得べし

第五章　損害の精算及委付

海上保険契約に於て保険者は自己の負擔せる海上の危險により保險の目的に生したる損害を塡補するの責任を有するものなるを以て保險の目的か全部滅失したるときは保險者は保險金額の全部を支拂ふの義務を有すると共に之か支拂をなしたるときは保險者は被保險者か其目的に付有する一切の權利を取得するものとす然とも保險價格の一部を以て保險金額となしたるときは保險者は其金額の支拂により保險の目的に付存する一切の權利を取得することを得す此場合には保險者は保險金額の保險價格に對する割合により保險の目的に付權利を取得するものとす例は壹萬圓の保險價格に對し五千圓の保險金額を以て契約をなしたるときは保險者は保險金額の支拂により保險の目的の價格の半はに比例し權利を取得するか如し(商法四一五條)

保險契約に於て保險價格の全部を以て保險金額となしたると其一部を以て保險金額となしたるを問はす被保險者は保險の目的の一部に生したる毀損の爲め全く其物の使用を爲すことを得さるに至ることあり或は被保險者は其目的に生したる損害の證明をなすの不能なるか爲め永久に保險者に之か塡補の

請求をなすこと能はさることあり船舶の修繕不能若くは其行方不明の如き即之也此等の場合に於て被保險者か保險金額の全部の支拂を請求するを得へき特別の方法を定めたるときは被保險者の利益を保護することを得さるのみならず保險契約の目的を達すること能はさるものと謂はさるへからす商法は此理由に基つき被保險者に委付の權を行使することを得せしめたり即ち被保險者は一定の場合に限り保險の目的に存する一切の權利を保險者に委付して保險金額の全部の支拂を請求することを得(商法六七一條)

海上の危險により保險の目的か滅失若くは毀損したるときは被保險者は保險者に損害の塡補を請求するの權を有するのみならす法に定めたる場合に限り委付の權を行使するを得へし然れとも被保險者か損害の塡補を請求するに當りては自ら其損害を證明するの責任を有すると共に其價格を評定せさるへからず保險契約に於ける損害の精算即之也反之被保險者が委付權を行使するに當りては單に保險者に保險の目的に存する一切の權利を委付することを通知するにより保險金額の全部の支拂を請求するを得るを以て別に損害の精算に

關する問題を生せさるものとす

被保險者は保險の目的に付委付權を行使することを得へき原因の生したるときと雖も委付權を行使せすして損害の精算の方法により保險者に損害の塡補を請求することを得へし故に被保險者が委付權を行使せんとするに當り其期間の經過せる場合にも亦之によることを得るものにして畢竟委付權の行使は其期間の短かきのみならず往々其原因の不備を理由として保險者の異議を生することあるを以て損害の精算の方法によるの安全なるに如かさるものと云はさるへからず

第一節　損害の精算

被保險者が保險の目的に生したる損害の塡補を請求せんとするに當りては先其損害の精算をなさゞるへからず商法に於ては委付に付精細の規定を設くるに拘らす損害の精算に關しては規定する所少なきを以て實際上種々の問題を生することあり左に單獨海損の場合と共同海損の場合とに於ける損害の精

算の問題を說明せんとす

第一項　單獨海損の精算

第一、船舶の保險　船舶は海商の目的にあらす其器具なるが故に積荷の如く陸揚港に於て賣買せらるゝものにあらず然れとも船舶か航海の途中に於て海上の事故により損害を生したるか爲め航海に使用すること能はさるに至りたるか若くは之が修繕をなすこと能はさるときは船主は之を賣却することあり故に船舶に生したる損害の精算に關しては航海を繼續するが爲め之が修繕をなす場合と修繕の不能若くは航海の不能の爲めに之を賣買する場合との二に區別することを得べし

甲　船舶の修繕　被保險者が航海の繼續の爲め船舶を修繕したるときは保險者は保險金額と保險價格との割合により修繕の費用を支拂はさるへからず而して修繕により取換へたる屬具幷不用となりたる船體の部分にして取り除かれたるものは之を保險者に交付するか若くは之か賣却代金を修繕費用

より控除せさるへからず、商法に於ては船舶に生したる損害の精算に關し精細の規定なきを以て當事者は豫め保險證劵に之が方法を詳細に記載するは最も緊要なりとす(ヨークアントワープ規則參照)

保險者は尙船舶に生したる物質的損害の外海上の事故の爲めに要したる費用を塡補するの責任あるものとす例へは船舶の修繕期間中の船員の給料幷食料等の如き即之也

乙　船舶の賣却　船主か船舶の修繕をなさず若くは修繕をなすこと能はすして之を賣却することあり此場合に於て船舶に生したる損害の精算は船舶の修繕をなすに要する費用によるにあらずして其賣却代金と保險價格との差額によるへきものとす然れとも被保險者(即船主)が運賃をも保險價格の中に含ましたるときは保險者の支拂ふへき金額より船舶若くは積荷の滅失の場合に支拂ふことを要せさる費用を控除せさるへからず盖被保險者は運賃を以て航海の諸費用(例は船員の給料船員及旅客の食料船舶の出入港費等)を支拂ふへきものなるを以て此場合に被保險者が支拂を要せさる費用をも保險者

より支拂はるゝものとせは被保險者は船舶の無事到達せる場合よりも却て利益を得るに至るが故に之か控除を要するものとす

尙保險者は保險價格と賣却代金の差額の外海上の事故により船舶に生したる費用をも塡補するの責任あること(甲)の場合に述へたるか如し例は天災其他不可抗力により沈沒を避けんが爲めに避難港に避難するに當り要したる入港費、水先案内料、碇泊料等之也

第二　積荷の保險

甲　積荷の全部滅失の場合

積荷の保險に於て保險價格の全部若くは一部を以て保險金額としたる場合に積荷が全部滅失せるときは被保險者は保險金額の全部を請求することを得へし而して積荷の保險價格が船積港に於ける積荷の價格によりたると將た陸揚港に於ける價格(即積荷の到達により得へき利益をも保險價格の中に含ましむるを云ふ)によりたるとを區別せさるが故に損害の精算に關し問題を生ずることなし唯た重復保險を生したる場合例は被保險者か陸揚港に於ける積荷の

価格と運賃とを以て保険価格となしたる場合には運賃に付重復保険を生す(運賃は通常陸揚港なる積荷の価格の中に含まるものとす)るが故に保険者は其保険金頭より運賃に對する金額を控除して支拂をなすべきものとす

乙　積荷の一部毀損の場合

積荷の一部に損害を生したるときは被保険者が損害の塡補を請求するに當り其精算に付復雜なる手續きを要するのみならず種々の問題を生することあり此場合に關する精算の二の方法を説明せん

イ　價格の差による精算法

積荷の價格の差による精算法とは到達港に毀損して到達せる積荷の價額と同一場所に於ける完全なる積荷の價格との差を以て保險者の塡補すへき金額となすにあり例は積荷か到達港に於て完全なる狀態を有するとせは十萬圓の價格を有するもの毀損して到達したるがために五萬圓の價格を有するに過ぎすとせは保險者は差額五萬圓を被保險者に支拂ふへきか如し

ロ　割合による精算法

割合による精算法とは到達港に毀損して到達せる積荷の價格と同一場所に於ける完全なる積荷の價格との差を定め而して此差額は保險者の支拂ふへき損害額と船積港に於ける積荷の價格との割合(即律を云ふ)を定むるに要するものとす例は積荷か完全の狀態にて陸揚港に到達するとせは十萬圓の價格を有するものが毀損して到達せるが爲め五萬圓の價格を有するに過きず而して積荷の保險價格(即船積港に於ける船積當時の價格を云ふ)が二萬五千圓なりとせば損害の額は其半額に相當するを以て保險者は一萬二千五百圓を支拂ふへきものとなすか如し

右述ふるか如く積荷か毀損して陸揚港に到達せる場合に保險者の塡補すへき損害の精算法に二種あるものにして差による精算法は被保險者が積荷の到達により得へき利益をも保險價格の中に含ましめたる場合換言せは陸揚港に於ける積荷の價格を以て保險價格となしたる場合に必要なるものとす盖此場合には被保險者は積荷が毀損せすして陸揚港に到達せるときに領收すへき金額を請求することを得るが故なり異之割合による精算法は主として船積港に

於ける積荷の價格により保險價格を定めたる場合に必要なるものとす然れとも被保險者か積荷の到達により得へき利益をも保險に付したるときと雖も各別に保險價格を定めたるときは積荷の損害に付亦割合による精算法を行ふへきものとす

商法の規定によれは保險の目的たる積荷か毀損して陸揚港に到達したるときは保險者は其積荷が毀損したる狀況に於ける價格の毀損せさる狀況に於て有すへかりし價格に對する割合を以て保險價格の一部を塡補するの責任あるものとせり(商法六六九條)蓋商法に於ては積荷の保險價格は船積港に於ける價格によりたるものなるか故に一部毀損の場合にも亦割合による精算法により損害の額を定めざるべからず然れども當事者が積荷の保險價格を陸揚港の價格により定めたるときは此規定によるべきものにあらず差による精算法により其損害の額を定むべきものとす

商法に於ては保險者が塡補すべき損害の價格は損害の生じたる土地に於ける其時の價格により之を定むるものとすれども公海に於て損害の生じたる場

合の如きは正確に其の損害の價額を評定すること能はざるものにして畢竟陸揚港若くは精算地の價格により之を評定するの外なしとす

丙　航海の途中に於ける積荷の賣却

航海の途中に於て不可抗力により積荷を陸揚港に到達せしむることを得ずして之が賣却をなすことあり此の如く航海の途中に於て積荷を賣却するは主として船舶が損害の修繕の爲め到達港以外の中間港に避難したる後船舶の修繕の不能となりたるにより船長が航海を成就せんと欲し他の船舶により積荷を陸揚港に輸送せんとするも種々の事情に妨害せられ遂に航海を中斷せるに原因するものとす此場合に積荷の賣却により生じたる損害は海上の事故に原因するものなるを以て保險者の塡補の責任を生ずるや明なり而ば此損害の價格は如何なる方法によりて評定することを得るや精算に關し次の二方法ありとす

イ　假りに船舶が陸揚港に到達せるものと看做し陸揚港に於ける完全なる積荷の價格と賣却代金との差を以て損害の價格となすもの

ロ　航海の途中に於ける賣却代金より運賃其他の費用を控除したるものと保險價格との差により損害の價格を定むるもの

(イ)の精算方法は積荷の到達により得べき利益をも保險價格の中に含ましめたる場合換言せば陸揚港に於ける積荷の價格により保險價格を定めたる場合に生ずるものとす蓋荷主は航海の途中に於て積荷を賣却せられたるが爲め陸揚港に於ける積荷の價格と賣却代金との差額を損失したるものと云ふを得べし

(ロ)の精算の方法は船積港に於ける積荷の價格により保險價格を定めたる場合に生ずるものとす蓋此場合に於ては被保險者は航海に關する運賃其他の費用を保險價格の中に含ましめざるを以て之等の費用は自ら之が負擔をなすべきものとす從つて賣却代金の中より之れ等の費用を控除し其殘額と保險價格との差を以て損害の價格となすべきものとす、商法に於ては積荷の保險價格を定むるに船積港の價格によるものとせるが故に途中不可抗力により積荷の賣却の場合には(ロ)の精算の方法により損害の價格を評定せざるべからず(商法六七〇條然れども當事者が積荷の到達により得べき利益をも保險價格の中に含ましめたるときは(イ)の精算の方法によるべきものとす

第二項　共同海損の精算

保險者は被保險者が支拂ふべき共同海損の分擔額を塡補するの責任あるものとす而して被保險者が保險價格の一部を以て保險金額となしたるときは保險者の負擔額は保險金額の保險價格に對する割合により之を定むるものとす(商法六五五條)

保險者が共同海損を塡補するの責任は(一)船長の處分により損害を生じたる船舶若くは積荷の所有者に對すると(二)共同海損を分擔するの義務ある者(海損債務者を云ふ)に對するものとの二に區別することを得べし商法六五五條は即(二)の場合を規定せるものにして畢竟保險者が第三者に生じたる損害を塡補するの責任を謂ふに外ならず此場合に被保險者が保險者に費用の分擔額を請求するは船長の任意の處分に原因するものなりとす

第一　船長の處分により損害を生じたる船舶若くは積荷の所有者

船舶及積荷の共同の危險を避けんが爲め船長の任意處分により損害を生じたる船舶若は積荷の所有者は他の利害關係人(即ち海損債務者を云ふ)に對し損害の塡補を請求することを得べし(商法六四三條)然れども船主若くは荷主(即被保險者を云ふ)は各利害關係人の塡補あるを待たずして保險者に對し損害の塡補の請求をなすことを得るや或は被保險者は各利害關係人より塡補せなれざる場合にあらざれば保險者に之を請求することを得ざるや此の如き問題は保險者が速かに損害の塡補をなさんことを申出でたる場合に大なる利益あるものにして殊に共同海損に於ける各利害關係人の中其分擔額を支拂ふの資力なきものを生じたるときは其分擔額は被保險者の損失に歸すべきものなるを以て(商法に於ては共同海損の債務者間には連帶の義務を認めざるは共同海損編に述ぶるが如し)被保險者は保險者に之れが塡補を請求するの外なきものとす

右の問題に於て被保險者が共同海損に於ける利害關係人の塡補あるを待たずして保險者に之が塡補を請求することを得べく保險者も亦た海上の事故によ

り保險の目的に生じたる損害は共同海損たると單獨海損たるとを問はず之が塡補の責任あるを以て被保險者の請求に付異議を述ぶることを得ず如此被保險者が利益關係人に對し共同海損の補償を請求すると否とは保險者に對する塡補の請求權に影響を及ぼすべきものにあらず若し保險者が被保險者の請求に應じて損害の塡補をなしたるときは保險者は被保險者が保險の目的の上に有する一切の權利を取得するものなるが故に被保險者が利害關係人に對して有する共同海損の補償の請求權をも取得することを得べし從つて利害關係人の內分擔額を支拂ふの資力なきものを生じたるときは其損失は保險者の負擔に歸するの結果となるべし

第二　共同海損により保存せられたる船舶若くは積荷の所有者

保險者は被保險者の共同海損の分擔額を塡補するの責任を有す換言せば被保險者が共同海損の債務者として其債權者たる船主若くは荷主に支拂ふべき分擔額に對し塡補の責任を有するを云ふ此場合に於ては損害の精算に付種々の問題を生ずるものとす

積荷の保險に於て陸揚港に於ける積荷の價格を以て保險價格となしたる時換言せば積荷の到達により得べき利益をも保險價格の中に含めしめたるときは損害の精算方法は共同海損の精算の方法と同一なるを以て保險者は荷主の分擔額に相當する金額を支拂ふべきものとす(商法六四三條)例ば陸揚港に於ける積荷の價格を二十萬圓とし同一の金額を以て保險金額とし共同海損の分擔額を積荷の價格の十分一なりとせば保險者は荷主に保險金額の十分一即ち二萬圓を支拂ふべきものなるが如し

積荷の保險價格を船積港に於ける價格により定めたるときは損害の精算と共同海損の精算とは其方法を異にするが故に種々の問題を生ずるものとす先づ陸揚港に於ける積荷の價格が保險價格を超過する場合と保險價格が陸揚港に於ける積荷の價格を超過する場合との二に區別して之を論ぜん

甲　陸揚港に於ける積荷の價格が保險價格を超過せる場合(保險價格を以て保險金額となしたるものと假定す)

船長の處分により損害を生じたる積荷の所有者に對する保險者の責任、船長の處分により損害を生じたる積荷の保險價格が陸揚港に於ける價格より小なるときと雖も保險者は保險價格に比例して損害の塡補をなすべき者にして(即割合による精算法を用するなり)從つて其超過額は保險者の塡補すべきものにあらざるを以て被保險者は共同海損債務者に之が補償の請求をなすべきものとす畢竟保險證券に定めたる保險價格は何れの地の價格によりたるを問はず保險者が保險の目的に生じたる損害の塡補をなすに當り其價格の標準となるべきものなるが故に被保險者たる荷主の共同海損を塡補する場合にも亦之れに由るべきものなること明也、例ば長崎に於て船積せる積荷の保險價格を十萬圓とし上海に到達せるときの價格を二十萬圓と假定し共同海損の爲めに價格の十分一を失ひたりとせば此場合に共同海損の精算額は二萬圓なるに拘らず保險者は荷主に保險價格の十分一即一萬圓を支拂ふの義務ある已而して差額一萬圓は海損債務者より補償を受くるものとす、積荷の全部を處分したる場合も亦之れと同一の結果を生ず

保存せられたる積荷の所有者に對する保險者の責任、保險者は共同海損によ

り保存せられたる積荷の所有者たる被保險者の分擔額を塡補するの責任あるものなること前述の如し而して陸揚港に於ける積荷の價格(即被保險者の分擔額を定たる價格)が保險價格を超過せるときは保險價格に比例して分擔額を塡補すべきものとす例ば船積港に於ける保險價格を二萬圓とし共同海損により保存せられ陸揚港に到達せるときの價格を四萬圓とし荷主の共同海損の分擔額を積荷の價格の十分の五とすれば保險者は千圓を支拂ふべきものにして二千圓を支拂ふの義務なしとす

乙　保險價格が陸揚港に於ける積荷の價格を超過する場合(同上)

處分により損害を生じたる積荷の所有者に對する保險者の責任、保險者は保險證券に記載せる積荷の保險價格に比例して損害の塡補をなすべきものなること(甲)の場合に述べたる所の如し而して(乙)の場合に於ては共同海損の精算額は損害の價格より小なるを以て保險者は其差額を塡補すべきものなりとす

共同海損により保存せる積荷の所有者に對する保險者の責任、保險者が保存せられたる積荷の所有者の分擔額を塡補するに當りては陸揚港の價格即共同

海損の精算と同一の方法によりて其塡補額を定むべきや將た保險價格により之を定むべきやに付次の說あり

イ　保險價格により保險者の塡補額を定むべしとする說

此說によれば被保險者の分擔額は保險價格より小なる陸揚港の價格により評定せらるゝときと雖も保險者は保險價格に比例して其塡補額を定めざるべからずと蓋此說を主張する者の理由とする所は保險者は常に保險價格を標準として損害を塡補するの責任を有するものにして其積荷の價格の增減は保險者の責任の範圍に影響を及ぼすべきものにあらずと謂ふにあり此理由は陸揚港に於ける積荷の價格が保險價格より大なる場合にありては荷主の分擔額に對する保險者の塡補額を定むるに當り主張することを得るものなりと雖も陸揚港の積荷の價格が保險價格より小なる場合には之を認むることを得ず單獨海損にありては前述するところの如く保險の目的の全部若くは一部の滅失の場合に陸揚港に於る積荷の價格が保險價格を超過すると否とは保險者の責任の範圍に影響するものにあらず保險者は常に保險格價に比例して損害を塡補す

べきものとす而して共同海損に於て船長の處分により積荷に生じたる損害の場合も亦之れと同一に解釋することを得べし然れ共保險者が共同海損に於ける被保險者の分擔額を塡補するに當りては此方法によるとするは頗る公平を缺くものと謂はざるべからず從て保險者は被保險者が共同海損の債權者(即船長の處分より損害を生じたる船舶若くは積荷の所有者を云ふ)に支拂ひたる金額を償還すべきものとする次の說を正當なりと謂はざるべからず

ロ　陸揚港の價格により保險者の塡補額を定むるとする說

此說によれば保險者が共同海損に於ける被保險者の分擔額を塡補するは保險の目的に生じたる損害を塡補するにあらずして被保險者が海損債務者として支拂ふべき分擔額を塡補するにあり(換言せば海上の事故により保險の目的に要したる費用を償還するにあり)而して被保險者の分擔額は陸揚港に於ける積荷の價格により評定せらるゝものなるを以て保險價格と共同海損の精算額との間に差異を生ずることあるは止むを得ざる所なりと雖も保險價格が陸揚港に於ける積荷の價格を超過せるときは保險者は共同海損の精算の方法と同

一の方法により被保險者の分擔額を塡補すべきものとす換言せは被保險者の分擔額に等しき金額を支拂ふにあり若し保險者が此場合に保險價格に比例して被保險者の分擔額を塡補すべきものとせば被保險者は其超過額を利益するものと謂ざるべからず蓋單獨海損にありては積荷の價格の減少は保險者の責任の範圍に影響を及ぼさゞるは畢竟保險の目的の滅失若くは毀損の場合に被保險者をして保險契約により定めたると同一の金錢上の補償を與ふるにあり然れ共保險者が共同海損に於ける被保險者の分擔額を塡補するの問題は全く之れと主旨を異にするものにして保險者は被保險者の分擔額を塡補すべく其損害を塡補するものにあらず保險價格か陸揚港の積荷の價格を超過せる場合に荷主が保險價格に比例する塡補額を得さるは此理由に基くものなりとす

共同海損に於ける船主の分擔額に對する保險者の責任、共同海損に於ける船主の分擔額を定むるには到達港に於ける船舶の價格と運賃の半額とによるものと(商法六四二條)なすが故に船舶の保險者は船舶の價格に對する分擔額を塡補するの責任あるや明なり然れ共船舶の保險者は運賃の半額に對する船主の

分擔額をも塡補するの責任あるや此問題に付ては次の如く解釋することを得へし

イ　船舶の所有者が船舶及運賃に付保險契約をなしたるときは保險者は運賃の半額に對する船主の分擔額をも塡補するの責任あるものとす

ロ　船主が船舶のみに付保險契約をなしたるときは保險者は運賃の半額に對する船主の分擔額を塡補するの責任なきを以て此分擔額は船主の負擔に歸せさるへからず

第三項　小額の損害に對する保險者の責任免除

保險者は海上の事故により保險の目的に生したる損害を塡補するの責任あるものなるが故に其損害の額の多少は保險者の責任に何等の影響を及ほすへきものにあらず然れ共此主旨を嚴格に遵守せんと欲せは各航海に生したる少額の損害に付一々精算の手數を煩はし且つ其精算の結果に付異議を生することあるときは却て多大の費用を要するのみならず之れか爲め航海の事業を妨害するものなるを以て商法は保險の目的に生したる損害にして一定の額に達

せさるときは保險者の塡補の責任を免除せり(商法六六八條)保險の目的に生したる小額の損害に付保險者の責任を免除するの主義にも亦二の區別あり

甲　損害の額が一定の額を超過したるときは被保險者は其超過額に付塡補の請求權を有するものとなす主義

乙　損害の額が一定の額を超過したるときは被保險者は損害の全部に付塡補の請求權を有するとする主義

(甲)の主義によれは保險者は一定の額以內の損害に對しては全く塡補の責任を免除せらるゝものなるか故に保險者が損害を塡補するに當りては常に損害の價格より此一定の額を控除することを得るものとす蓋此主義は少額の損害に對し保險者の責任を免除したる立法の主旨に反するのみならず保險契約の本質にも合せさるものとす殊に保險價格の大なるに從ひ被保險者の損失を大ならしむるものなるを以て船舶を保險に付する場合の如き此主義により保險者の責任を定むるは被保險者の最も不利益とする所なり

(乙)の主義は損害の額が一定の額に達したるときは被保險者は損害の全部を

請求することを得るを以て保險契約の本質にも合し立法の理由にも適するものと謂はさるへからす商法は即此主義を採用したるものなり(商法六六八條)然れ共此主義と雖も保險價格の大なるに從ひ被保險者の損失を大ならしむるを免れさるは亦止むを得さるなり例は被保險者が二十萬圓の保險價格を以て契約をなしたるときは損害の價格か保險價格の百分二、即四萬圓に達するにあらされば損害塡補の請求をなすこと能はさるか如き是也

共同海損に於ては其損害若くは費用の額が保險價格の百分二に達せさるときと雖も保險者に塡補の責任あるものとせり蓋共同海損にありては其損害の額の多少を問はず必ず之が損害の精算をなし以て各利害關係人の分擔額を定むるものなるか故に保險契約による損害の精算に關しても煩雜なる手數を要するものにあらず且つ保險者は塡補額の支拂により被保險者が各利害關係人に對し有する補償の請求權を取得するものなるを以て全く單獨海損の場合と其趣を異にするものとす加之被保險者は共同の利益の爲めに保險の目的を處分せられたるを以て其損害の多少を問はず他の利害關係人の補償を待たずし

て保險者に塡補の請求をなすを得せしむるは最も至當なるものとす

保險者は共同海損に於ける被保險者の分擔額か保險價格の百分二に達せさるときと雖も之か塡補の責任あるものとす蓋保險者が共同海損に於ける被保險者の分擔額を塡補するは前述するか如く保險の目的に生したる損害を塡補するものにあらず唯た被保險者の費用を塡補するものなるを以てなり

以上述ふる所は保險價格の全部を以て保險金額となしたる場合を假定したるものなり然れ共保險價格の一部を以て保險金額となしたる場合も亦之と同一の解釋をなすことを得るものとす

保險者が保險の目的に生したる少額の損害に付塡補の責任を免るゝものなること前述の如し然れ共此損害の精算は各航海に付なすものなるを以て一航海に付數度の危險の發生により保險の目に生したる損害の價格の和が保險價格の百分二を超過するときは保險者は各損害の價格か保險價格の百分の二に達せさることを理由として責任を免るゝことを得ず

第二節　委付

海上の事故により保険の目的が滅失若くは毀損したるときは被保険者は損害の精算により保険價格に比例して一定の金額の支拂を受くることを得べし然れども被保險者は時としては其目的に生じたる損害を證明すること能はざるが爲め保險者に塡補の請求をなすを得ざることあり例ば船舶の行方不明の場合の如き即之なり或は保險の目的に生じたる一部の損害と雖も全く其物の使用をなすことを得ざるが爲め全部の滅失と同一に見做すことを得べきことあり例ば船舶の修繕不能の如き之なり商法に於ては是等の場合に被保險者は保險の目的に存する一切の權利を保險者に委付して保險金額の全部の支拂を請求することを得るものとせり(商法六七一條)

保險の目的の委付と船主の責任免除の委付との差異　保險金額の全部の請求をなすが爲め被保險者のなす委付と、船主が船長其他の船員の行爲に付責任を免除せらるるためになす委付とは全く異なりたるものなりとす商法に於ては委付なる同一の文字を用ゆると雖も佛國の商法例にありては異なりたる文字を用ゐ一見して其差異を知ることを得故に茲に二者の區別を説明する必要あり船主が其責任を免れんがためになす船舶及運賃の委付は保險契約とは何等の關係を有するものにあらず唯だ船主が船長其他の船員の行爲に對する責任を免れんが爲めに債權者に船舶幷運賃を委付するにあり換言せば債務者が自己の責任を免れんが爲めに債權者に對するの行爲なり反之被保險者のなす委付は債權者たる被保險者が保險金額の全部の支拂を受けんが爲め債務者たる保險者に對するの行爲なり

第一項　委付の場合

商法に規定せる委付の場合は當事者の反對の契約により之を増減若くは變更することを得べし然れども保險證劵に別に何等の記載なきときは此規定によるものとす

第一　船舶が沈沒したる場合

沈沒とは文字の意義より謂へば船舶が水面下に沈みたるを稱するものに似たれども法文の解釋としては必しも船舶の體形が水面下に消失せる場合のみに限るべきにあらず船舶が海濱に乘り揚げたる場合に假令船體の一部を水面上に露出するに拘らず破損の狀況により若くは引揚の難易により之を沈沒と看做して委付權を行使することを得る場合なきにあらず然れども法文に沈沒なる文字を用ゐたるが爲め其意義と適用すべき場合とに付疑義を生ずることあるは亦止むを得ざるものとす

第二　船舶の行方不明

船舶が海洋に於て沈沒せるときは船舶の存在に付通知を受くることを得ざるが爲め被保險者は保險の目的に生じたる損害に付證明をなすこと能はざるを以て保險者に對し損害の塡補を請求することを得ず然れども此の如き場合に證明の不能を理由として保險者の責任を免除するは保險に關する規定を設けたる立法の主旨に反するものと謂はざるべからず故に此場合に被保險者が一定の期間船舶の存否に付通知を受けざるときは其船舶は滅失せるものと推

定し被保險者は委付權を行使して保險金額を領收することを得るものとせり是恰も自然人の生死が一定の期間不分明なるにより死亡せるものと推定し失踪の宣告をなすと同一理由に基くものとす

船舶の存否が六ヶ月間不分明なるときは其船舶は行方の知れざるものと推定す而して此期間は船舶の出航後何等の通知を受けざるときは其出航の日より起算し出航後之が通知を受けたるときは最後の通知を發したる日より起算すべきものとす玆に最後の通知を受けたる日より起算せざるは蓋被保險者か最後の通知を受領せる當時は船舶は既に沈沒せしやも知るべからざるが故なり

右に述べたる期間の計算方法は保險證劵に船舶の航海を定めたる場合には適用上疑問を生することなしと雖も保險期間を定めたる場合に於ては被保險者が委付權を行使することを得べき期間內に(即船舶の存在の通知を受けてより六ヶ月內を云ふ)に保險期間の經過して保險者の責任の消滅することあり此場合に若し被保險者が保險期間の經過するに拘らず六ヶ月を待つにあらざれ

ば委付權を行使することを得ずとせば或は船舶が實際保險期間內に滅失せしやも計らざるに拘らず徒らに委付權行使の期間を遷延せしむるのみならず保者は船舶の滅失は保險期間經過の後に生じたるものと推定すとの理由の下に其責任を免れんとすべく被保險者は其滅失の時期を證明して之が抗辯をなすと能はざるが故に遂に損害塡補を受くることなくして止まん商法に於ては此場合に被保險者の利益を保護せんが爲め一の推定を設けたり即保險期間を定めて保險契約をなしたる場合に其期間が委付權を行使し得べき期間內に經過するときと雖も被保險者は委付をなすことを得るものとせり然れども是亦一の推定に過ぎざるを以て若し船舶が保險期間內に滅失せざりしことの證明ありたるときは委付を無效となし保險期間の經過と共に保險者の責任を消滅せしめざるべからず(商法六七一條)

船舶の出航後若くは最後の通知を受けたる後被保險者が委付權を行使し得べき期間を經過し保險期間を定めてなしたる保險契約は無效とす盖此場合には保險契約の當時船舶が滅失せるものと推定し得べきものなるを以て此推定

を反覆すべき船舶の存在の證明あるにあらざれば契約を成立せしむることを得ず畢竟保險契約は目的を缺欠せるものと推定することを得べきものとす

船舶存在に付ての通知は第三者が受けたると被保險者若くは保險契約者が受けたるとを區別せざるが故に被保險者が其存在の通知を受けさるのみを以ては船舶の行方不明を推定するに足らざるなり

船舶の行方不明が六ヶ月間分明ならざるときは船舶及積荷の所有者は共に委付權を行使することを得るものとす

第三　船舶が修繕することと能はざるに至りたる場合

船舶の修繕不能は直ちに積荷の所有者に積荷を委付するの權を與ふるものにあらず蓋積荷の保險の場合に論じたるが如く船長が天災其他の不可抗により船舶を變更することあるも積荷の保險者の責任に影響せざるものとせるより考ふれば假へ船舶の修繕不能が他に原因する場合と雖も船長が積荷の航海を成就せんが爲めに遲滯なく他の船舶を以て積荷を陸揚港に輸送したるときは荷主をして委付權を行使せしむべきものにあらず(商法六七二條)畢竟船舶の

修繕不能の場合に荷主が委付權を行使することを得るは船長が他の船舶を以て積荷の航海を繼續せしめざる場合若くは之を怠りたる場合に限らざるべからず

外國の立法例にありては船舶が航海不能となりたる後一定の期間内に船長が他の船舶を以て積荷を陸揚港に輸送せざるときは荷主に委付權を認めたるものあれども商法は此點に付一定の期間を定めざるが故に荷主が委付權を行使するを得るや否やは一に船長が事實上積荷の發送を怠りたるや否やの問題に歸するものにして爭議を生ずることある亦止むを得ざるものとす

船舶の修繕不能を分ちて絕對的修繕不能と關係的修繕不能との二に區別することを得べし

甲　船舶の絕對的修繕不能

船舶の絕對的修繕不能とは船舶を修繕するも到底安全に航海をなすこと能はざる場合を云ふ換言せば絕對的航海不能を云ふ現今に於ける造船事業の發達に伴ひ破損せる船舶の修繕は能く安全に航海をなさしむるの成績を得るこ

と實驗に徵して明かなるところなりと雖も船舶の破損にして大なるときは之を修繕と謂はんより寧ろ改造なりと云ふを得べき場合あり畢竟修繕に關する程度の問題に過ぎざれども玆に修繕の不能と謂ふは實際上改造と見るべき場合を含むものにあらず且修繕の費用が船舶價格の四分三に達せざると雖も航海不能となるに妨げなしとす

乙　船舶の關係的修繕不能

船舶の關係的修繕不能とは全く前の場合と異なり船舶は修繕により航海をなすことを得ざるにあらず然れども修繕の不能は或は資金若くは材料の缺乏に原因することあり或は技師工匠の同盟罷工に原因することあり畢竟不能の原因が船舶以外の事情に存する場合を謂ふ

被保險者は船舶の絕對的修繕不能により委付權を行使することを得るや明なり然れども關係的修繕不能の場合にも委付權を行使することを得るや商法の規定によれば、船舶が現在地に於て修繕を受くること能はず且修繕を受くべき地に到ること能はざる場合も修繕の不能を生じたるものと看做すとせり（商法五七一條是即ち船舶の關係的修繕不能の場合を規定したるものなり此規定によれば船主は船舶の現在地の事情により船舶の修繕の不能を生ずるのみならず船舶が他の修繕を受くべき地に到ることの不能なるにあらされば委付權を行使することを得さるものなるが故に現在地に於て單に材料の缺乏、技師工匠の同盟罷工のみによりて委付をなすことを得さるものとす

商法に於ては船舶修繕費が船舶の價格の四分三を超過する場合にも亦修繕の不能と看做せり此場合には船舶を修繕すると謂はんより寧ろ之が改造と謂ふを至當とす若し船主に殆んど船舶の價格に等しき費用を支出して船舶を修繕するの義務ありとせは甚だ苛酷なりと謂はざるべからず故に特に委付權の行使を認めたるなり

佛國商法の如きは積荷に生じたる損害の價格が積荷の價格の四分三を超過せる場合にも荷主に委付權を行使することを得るものとすれども商法には之か規定なきを以て積荷保險に於ては其損害の多少は委付の原因となることなし

外國の立法例にありては委付の原因として船舶の航海不能の場合を規定せるに拘らず商法に於ては之に代ゆるに修繕の不能を以てせり、航海の不能は主として修繕の不能に原因するものなること疑なしと雖も修繕に關する問題を生せずして航海不能の現象を生ずることあり例へば船舶が滿潮に乘し泥深き海濱に乘り揚げたるときは船舶に損害を生することなきを以て修繕の問題を生せさるや明かなり然れども干潮に及び船體は漸次其重量によりて泥中に沈淪し遂に航海の不能を生ずることあり此の如きは元より沈沒にもあらず修繕の不能にもあらず而して被保險者は委付をなすの原由を求むるに苦むものと謂はざるべからず實例は淸國揚子江の航海に於て屢々生する所なりとす

第四　船舶又は積荷が捕獲せられたる場合

船舶若くは積荷の捕獲は或は交戰國の艦船に原因することあり或は海賊の行爲に原因することあり而して商法は戰爭其他の變亂より生じたる損害に付ては特別の契約あるにあらされば保險者の責任を生せざるものとせるが故に保險證劵に於て保險者が戰時の危險をも負擔すべき旨を記載せるにあらざれば

保險者は交戰國の艦船の捕獲より生する損害に付責任なきを以て被保險者は此場合に於ける捕獲を理由として委付權を行使することを得さるなり然れとも海賊による捕獲は戰爭其他の變亂とは何等の關係なきを以て委付の理由となすことを得べし

保險者が戰時の危險を負擔せる場合　捕獲は船舶及積荷に同時に生ずることあり或は船舶のみ捕獲せられ積荷を解放せらるゝことあり或は積荷のみ捕獲せらるゝことあり今左に各場合に付說明せん

甲　船舶及積荷が同時に捕獲せらるゝ場合　艦船及積荷が敵性を有するか若くは中立國の船舶が封鎖を破りたる場合に生ずるものとす

乙　積荷のみ捕獲せらるゝ場合　中立國の船舶に船積せる荷物にして戰時禁制品なる場合に生ずるものとす

丙　船舶のみ捕獲せらるゝ場合　船舶が敵性を有し而して積荷が中立國の國民に屬する場合に生ず但積荷が戰時禁制となるときは積荷も亦捕獲せらるゝものとす

船舶積荷が捕獲せらるゝ場合は以上列記する所の如し而して捕獲が船舶のみに生じたるときは積荷に付委付權を行使することを得ず同之積荷を捕獲せられたるときは船舶を委付することを得さるものとす玆に問題となるは交戰國艦船の捕獲が果して正當なりと宣告あるにあらざれば被保險者は委付權を行使することを得ざるや否やにあり然れども商法は此點に付別に精細の規定を設けざるにより立法の理由を知るに由なしと雖も被保險者に委付權を認めたるの主旨より考へれば捕獲なる行爲が正當なりとの審判あるを待たずして捕獲なる行爲の生じたる時を以て委付權を行使するを得るものと解釋するを至當とす從つて交戰國が捕獲の行爲を不當なりとして船舶若くは積荷を返還若くは解放するの事實は委付の效力に影響を及ぼすものにあらざるなり

第五　官廳の處分により押收せられたる場合

官廳の處分による押收とは船舶の出航に際し官廳の命令により船舶若くは積荷を强制的に抑留するを謂ふものにして其原因する所或は軍事上の機密の漏泄を防ぐにあることあり或は犯罪の審理に必要なる材料を得んが爲めにな

すことあり或は又外國政府に對する報復の手段として之をなすことあり官廳の處分による船舶若くは積荷の押收は其期間の長短に拘らず其ものゝ所有權を失はしむるものにあらず然れども被保險者は押收の期間にして長く繼續するが爲め其所有權を失ひたると同一の損失を蒙ることあり故に商法に於ては船舶若くは積荷が官廳の處分により押收せられたる場合に六ヶ月間解放せられさるときは被保險者は委付を行使することを得るものとせり

船舶若くは積荷の押收が外國官廳の處分に原因したる場合も亦此中に含むものと解釋せざるべからず是商法に於て押收をなす官廳に付區別をなさゝるが故なり

官廳の處分による押收なる事實は保險者の責任の始まりたる後に生ずることを要するが故に一航海に付ての保險契約に於て積荷若くは底荷の船積に着手せるに先ち船舶が押收せられたる場合又は積荷若くは底荷の陸揚を終了しだる後に船舶を押收せられたる場合及び積荷の保險契約に於て陸地を離れさるに先ち積荷が押收せられたる場合若くは陸揚終了後に積荷を押收せられた

る場合の如きは何れも保險者の責任を生せざるを以て假令押收期間が六ヶ月を經過するも被保險者は委付權を行使することを得ず畢竟之等の場合には保險者の責任が始まらざるか若くは消滅せるものなるが故に委付の原因を缺くものと云はざるべからず

官廳の處分による船舶若く積荷の押收は或は戰爭其の他の變亂に原因することあり或は平時に於て行はるゝことあり而して戰爭其他の變亂に起因する押收に付ては保險證劵に保險者が戰時の危險を負擔すべき表示あるにあらざれば被保險者は押收を理由として委付權を行使することを得ず然れども平時にありても輸出若くは輸入を禁じたる物品を船積せるが爲め官廳の處分により押收せられたるときは被保險者は委付權を行使することを得ず畢竟法令に禁じたる物品を以て契約の目的となしたるときは契約は無效となるを以て從つて保險者の責任を生せざるが故なり

第二項　委付の性質及行使の期間

委付の不可分性　保険契約に於て保険價額の全部を以て保険金額としたると其一部を以て保険金額となしたるとを問はず被保険者は保険の目的の全部滅失の場合に保険金額の一部の塡補を請求し他の部分に付きては請求權を留保することを許さず之を保険契約の不可分性と謂ふ委付權の行使は畢竟保険契約の效力として保険の目的の全部滅失せるものとの推定に基き保険金額の全部の支拂を請求するものなるを以て委付も亦不可分性を有するものとす故に被保険者は保険の目的に委付の原因を生じたるときは其一部に付てのみ委付權を行使し他の部分に付ては損害の精算によるが如きことをなす能はす商法に於て委付は保険の目的の全部に付之をなすことを要するものとするは即之がためなり然れども委付の原因は保険の目的の一部に付生ずることあり例ば積荷の保険に於て積荷の一部が官廳の處分により押收せられ六ケ月間解放せられたるが如き即之なり此の如き場合に委付の不可分性を理由として保険の目的の一部の委付を許さずとせば被保険者は保険の目的の一部に生じたる損害を免るゝことを得ず或は被保険者は損害精算の方法により塡補の請求を

なすを得べしと雖も實際上其損害の證明をなすに當り最も困難を感ずることあり是等の理由により商法は特に例外を設け保險の目的の一部に付委付の原因を生じたるときは被保險者は其部分に對し委付權を行使することを得るものとせり(商法六七五條二項)

同一の目的に付同時に數個の保險契約をなしたる場合に委付の原因を生じたるときは被保險者は各保險者の保險金額に比例し各保險者に委付をなすべきものとす畢竟各保險者は損害の塡補に付責任を有するが故に之が通知を必要とするものとす而して保險金額の和が保險價格に達せざるときは被保險者は其超過額に付權利を留保することを得るを以て保險の目的に付被保險者と保險者との間に共有の關係を生ずるものとす、被保險者が保險價格の一部を以て保險金額となしたるときは委付は保險金額の保險價格に對する割合により之をなすものにして等しく保險の目的に共有の關係を生ずるものとす

委付は單純なることを要す(商法六七五條)從つて被保險者は條件を付して委付をなすことを得ず若し條件を付したるときは保險者は委付を拒絕すること

を得べし之れと同じく保険者が被保険者のなす委付に付き條件を付すべきことを請求したるときは被保険者は之を以て抗辯の理由となすことを得べし

委付の確定時期　委付權の行使は被保険者の單獨行爲なるを以て被保険者は委付をなしたる後と雖ども委付の確定するに至るまでは之が取消をなし更らに損害の精算の方法により塡補の請求をなすことを得べし然れども保険者が委付を承認したるとき若くは保険者の承認なき爲め裁判所の認定により委付が確定したるときは被保険者は之を取消すことを得ざるものとす（商法六七二條）

委付權行使の期間　被保険者に委付權を認めたるは單に保険金額の全部の請求を得せしめたるに止まらず保険の目的の上に存する各種の權利關係を速かに確定せんとするの主旨に基くものなるを以て委付の原因の生じたるときは被保険者は直ちに委付權を行使するを得ると共に其行使の期間をも制限せざるべからず然らざれば被保険は妄りに自己の利益のみを省み委付をなすの時期を遷延せるが爲め他の權利關係を紛爭せしむることあり故に商法は被保

險者が委付をなさんとするときは委付の原因の生したる後三ヶ月内に保險者に對し其の旨の通知を發することを要するものとし若し被保險者が此期間內に委付の通知を發せざるときは爾後委付權を行使することを得ざるものとするを以て被保險者は保險の目的の滅失若くは毀損せることを證明するにあらざれば保險者に塡補の請求をなすことを得ず(商法六七四條一項)

被保險者が委付權を行使するを得るの期間は船舶の沈沒、船舶修繕の不能及捕獲の場合に於ては被保險者が其通知を受けたる日より起算すべきものとす(商法六七四條二項)

保險者が自己の負擔せる危險に付更に保險契約をなしたるとき(再保險を云ふ)は自己の被保險者より委付の通知を受けたる日より起算するものとす(商六七四條三項)蓋此場合に保險者が被保險者と同一期間內に委付權を行使すべきものとせば保險者は自己の保險者(即再保險に於ける保險者)に對し委付權を行使することを得ざる場合を生ずることあるによるなり

第三項　委付の形式

被保険者が保険者の負擔せる危險の發生により保險の目的に損害の生じたることを知りたるときは遲滯なく之が通知を發することを要するものとせり(商法四一二條)蓋商法に於て保險の目的に損害を生じたる場合に被保險者に之が通知の義務を負はしめたるは保險者をして損害の調査幷塡補の準備をなさしめんがためのみならず尙損害の增加を防止せんがため救助の方法をも講せしめんとするにあり故に被保險者が委付の原因の發生を知りたる場合にも又た之が通知の義務を有するものと云はざるべからず、茲に注意すべきは委付の原因の多くは保險の目的に損害を生じたる場合なるを以て被保險者は商法四一二條の規定により當然通知の義務を生ずるものとして特に委付の場合に付き之が規定の設定を設くるの必要なきが如しと雖ども委付の原因にして直ちに保險の目的に損害の發生したることを知るを得ざる場合あり例へば船舶の行方不明の如き之なり此の如き場合に委付の原因の發生に付通知の義務なし

とするは委付を以て損害の發生を推定せる立法の理由より考ふるも頗る權衡を缺くものと云はざるべからず

委付權行使の形式に關しては商法に特別の規定なきを以て被保險者は保險者に委付をなすの意思を通知せしむるの方法なりとせば如何なる方法によるも有效なるものとす例ば書信の方法によるも將た口頭によるも妨げなしとす

委付權の行使は保險者に保險金額の全部の支拂の義務を生ずるものなるを以て若し被保險者が同一の目的に付き他に保險契約をなしたるとき若くは保險の目的を擔保とせる債權を有するときは委付の通知をなすと共もに之れ等に關する通知をもなすの義務あるものとす盖被保險者が保險の目的に付他に保險契約をなしたる場合に之が通知の義務を有するとするは畢竟保險者の責任の限度を確定するがためにして先きの日附の保險契約が保險價格の全部を以て保險金額となしたるときは保險者は重復保險を生じたるものとして委付を拒絕することを得べし、保險の目的を擔保とせる債權(例へば船舶の先取特權船舶抵當權の如し)に付通知を必要とするは保險者は委付により其目的に存する一切の權利を取得するものなるを以て如何なる者により保險の目的に存する債權を行使せらるゝことあるやを知るの必要あるが爲めなり

被保險者が委付をなしたるときは保險の目的に關する證書を保險者に交付するの義務あるものとす畢竟保險者は委付により保險の目的の上に存する權利を取得するのみならず其義務をも承繼するものなるを以て之に關する證書の交付を必要とするや疑を容れざるなり

第四項　委付の效力

保險者は委付により被保險者が保險の目的に付有する一切の權利を取得す(商法六七七條)是れ即委付の、所有權移轉の行爲なることを認めたると共もに委付の效力を規定したるものにして保險者は委付により保險の目的の所有權其他の附隨の權利を取得するものとす、又保險者は保險の目的に付被保險者に代位するものなるを以て被保險者が保險の目的を擔保として債務を生せしめたるときは保險者は其目的に存する債務をも承繼するものとす例は船舶抵當權の

如き之なり）

保險者は委付により保險金額の全部を支拂ふことを要す蓋委付は保險の目的の全部の滅失せるものと推定せるものを以て實際上其損害の額が保險金額の一部に過ぎざるときと雖も全部の支拂の義務あるものとす從つて被保險者が委付をなしたるときは保險の目的に生したる損害の精算をなすの責任を免るゝものとす

委付の效力發生の時期　茲に委付の效力の發生時期と謂ふは委付の時期を謂にあらず保險の目的に關する被保險者の權利が委付により保險者に移轉するの時期を謂ふ左に委付の效力發生に關する二の主義を示さん

甲　委付の原因の發生せる時を以て移轉せるとする主義

此主義の理由とする所は被保險者は委付の原因の發生により委付をなすの權利を得へく保險者も亦此時より委付を條件として保險金額支拂の義務を生し保險の目的に存する被保險者の權利を取得するを得べきものなりと蓋委付に付遡舊效を認めたるものにして次の如き結果を生ずるものとす

イ　船長は委付の原因の發生せる時より保險者の代理人となるものにして從つて保險者は此時期以後に於ける船長の過失に付責任を有す(他の船員に付きても亦之れと同一の解釋をなすを得べし)

ロ　委付の原因の發生以後に於て被保險者が船舶若くは積荷を救助したるときは保險者に對し救助の費用を請求することを得べし

ハ　救助せられたる船舶若くは積荷が賣却せらるゝときは保險者は賣主として其代金の支拂を請求することを得べく此場合に被保險者は賣却に關係なきものとす

乙　委付をなしたるときを以て移轉するとなす主義

此主義によれば被保險者が保險者に委付權を行使したるときを以て移轉するものとなすにあり而して委付は單獨行爲なるを以て保險者が委付の通知を受けたるときを以て效力を生ずるものとせざるべからず

(甲)說は委付の原因の發生を以て保險者が條件附にて保險金額支拂の義務を有するものとせるにあり從つて佛商法の如く條件の成就により遡舊效を認め

たる立法例にありては此主義によるを得べしと雖も我立法例の如く條件の成就により法律行爲の效力に遡舊效を認めざるものにありては此主義によることを得ず殊に實際上右に述るが如く保險者の不利益を生することあるを以て(乙)の主義によるを至當とす

(乙)主義は委付を以て所有權移轉の方法として被保險者の單獨の意思に基くものとせるを以て其效力の發生も亦委付の通知の效力と同一に見做すことを得べく實際上甲說の如く不便を生することなしとす

第五項　委付と損害の精算との比較

第一、兩者の利益の比較。被保險者は保險の目的に付委付の原因の發生したることを知りたるときは其撰擇により或は委付權を行使し或は損害の精算によることを得るのみならず委付權を行使したる後と雖も之が確定するに至るまでは取消の方法により更らに損害の精算によるを得ること前述するが如し然れとも被保險者が何れ方法により保險金支拂の請求をなすことを以て利益なりとすべきやは絶對に之を斷言することを得ざるを以て實際上如何なる場合に委付をなすを以て利益とし損害の精算によるを不利なりとするやを知るは最も肝要なりとす今左に之が一二の場合を說明せん

甲　船舶の行方不明の場合

此場合には被保險者は委付をなすを以て最も利益あるものと謂はざるべからず若し此場合に被保險者が損害の精算の方法により塡補の請求をなさんとせば被保險者は先づ損害の證明をなすの義務あるものなるが故に長日月を經過し損害の事實を知りたる後にあらざれば保險金の支拂を受くるを得ざるのみならず或は全く之が證明をなすこと能はざる場合あり

乙　船舶の修繕費が船舶價格の四分の三を超過せる場合

船舶の修繕費が船舶の價格の四分三を超過する時は修繕不能と看做し保險者に委付權の行使を認めたり然れども船主が修繕費の多額を要するに拘らず航海を繼續するを以て利益なりと思意するときは損害の精算の方法により修繕費を請求するを以て委付をなすよりも利益あるものと云はざるべからず（例

ば船主が委付により保險金額を領收し之れにより新たに船舶を購入し航海を繼續せんとするも速かに船舶を購入するを得ざる場合の如き之也然れども此場合に損害の價格の評定に付種々の問題を生し從つて保險金の支拂に付時日を遷延するが如き場合には委付をなすを以て利益あるものとす

第六項　委付及損害の精算に共通の規定

商法に於ては委付及損害の精算に關し各々規定を設けたりと雖も亦兩者に共通の規定あり殊に保險者の責任の範圍被保險者の證明の責任に關する規定即ち之なり

第一　保險者の責任の範圍に關する規定

被保險者が委付をなしたると損害の精算の方法によりたるとを問はず保險者は保險金額に超過せる金額を支拂ふの義務があるものにあらず例ば百萬圓の保險金額を以て保險に付したる船舶が損害の修繕のため二十萬圓の修繕費を支出して航海の途に就きたるに再び海上の危險により滅失したるときは被

船主は自ら二十萬圓の修繕費を負擔したるに拘らず保險者に百萬圓の保險金支拂を請求するを得るものにして百二十萬圓を請求することを得ざるが如き之れなり保險價格の一部を以て保險金額となしたる場合も亦同一に解釋するを得べし然れども保險者は委付の場合に於て保險金額の外更らに保險の目的に生じたる費用を負擔すべきことあり或は此場合を以て保險者が保險金額に超過せる金額に付責任を負ふものなりと主張するものあれども是れ保險者たる責任に基くものにあらざることは次ぎに說明する所により明かなりとす

保險者は保險の目的たる船舶若くは積荷が沈沒せるの通知を受けたるときは自ら之が救助に從事することあり此場合に救助に要したる費用は保險者の負擔すべきものなりや將た被保險者の負擔に歸すべきものなりや蓋場合を區別して之を論せざるべからず

被保險者が船舶若くは積荷の沈沒を理由として委付をなしたるときは保險者は委付により船舶若くは積荷の所有權其他の權利を取得するものなるを以て委付の後に生じたる救助の費用を負擔せざるべからず蓋是場合には保險者

は保險の目的に付保險金額に超過せる金額を負擔したるものなりと主張するものあれども正當の解釋にあらず畢竟保險者は自己の所有物に要したる費用を支拂ふものにして保險契約より生ずる保險者の責任とは何等の關係を生ずるものにあらざるなり

被保險者が損害の精算の方法により損害の塡補の請求をなしたるときは保險者は保險金の支拂をなさゞる間は保險の目的に存する一切の權利を取得せざるを以て若し此期間に於て救助により費用を生じたるときは被保者の負擔とし保險者は保險金より其費用を控除することを得べし然れども被保險者が既に保險金を支拂ひたる後救助により費用を生したるときは委付の場合と同一の理由により保險者の負擔に歸すべきものとす

第二　被保者の證明の責任に關する規定

被保險者が委付により若くは損害の精算の方法により保險金の支拂の請求をなすに當りては左に列擧する證明をなすの責任あるものとす

甲　保險の目的を海上の保險に置きたる證明

被保險者は保險の目的を保險者の負擔せる海上の危險に罹かるべき狀況に置きたるの證明をなすの責任あるものとす而して船舶の保險に付きては發航港に於ける發航の報告(管海官廳其他船主に對するものを云ふ)により之を證明するを得べく積荷の保險に付きては運送契約書、船荷證劵其他積荷を證明するに足るべき書類により之をなすことを得べし

乙　海上の危險の發生の證明

被保險者は保險者の負擔せる海上の危險發生を證明するの責任あるものとす而して之が證明並其發生の原因に付ては船舶航海日誌其他船舶に具備すべき書類によるべきものとす此場合に特に危險の發生の原因を證明するを要するは蓋其原因の種類により保險者の責任を生せざることあるが故なり

丙　被保險利益の證明

被保險者は保險の目的に付金錢上の利益を有するものなることを要するが故に保險金額の支拂を請求するに當りても自ら之が證明をなすの責任あるものとす而して是が證明の方法として船舶の保險にありては船舶國籍證書によ

るを得べく積荷の保險にありては運送契約書、船荷證劵等によることを得べし

丁　保險價格の證明

保險證劵に於て保險の目的の價格を定めたるときは被保險者は損害の塡補の請求をなすに當り之が證明の責任を免除せらるゝと雖も之が記載を缺きたるときは證明の責任を有するものとす而して船舶の保險に付きては管海官廳に備へたる船舶登記簿によるを得べく積荷の保險に付きては船荷證劵其他積荷の價格を評定するに足るべき書類により之を證明することを得べく若し之れ等の書類なきときは市價により之を評定するの外なきものとす

第七項　保險金の仕拂

保險者は保險金の支拂をなすものとす然れども若し保險證劵が裏書其他の方法により移轉するを得るものなるときは其所有者に之を支拂ふものとす

我民法及商法に於ては保險金を以て保險の目的に代位するものなりとの主義を認めざるものと解すべきを以て保險者は船舶抵當權者若くは先取特權者

に之が支拂をなすの義務なきものと謂はざるべからず故に被保險者の債權者が其支拂ひを防がんとせば其引渡に先ち之が差押をなすことを要す

保險金支拂の時期　保險金支拂の時期に關しては商法に其期間を定めざるを以て保險者は損害の精算に對し異議なきに於ては直ちに之が支拂の義務を生ずるものとす被保險者が委付をなしたる場合にありては保險者は商法第六七八條第一項に規定せる通知を受くる迄は之が支拂ひをなすの義務なしとす畢竟保險者が損害の塡補をなすの責任あるや否やを確知することを得ざるが故なり、保險證劵に於て保險金の支拂に付期間を定めたるときは委付の場合には右に述べたる通知を受けたる時より之を起算すべきものとす(商法六七八條)

第八項　責任免除の委付と保險委付と競合する場合

(Combmaison de l'abandon et du délaissement)

船主は船長の法定の權限內の法律行爲及船長其他の船員の職務に關する不法行爲に付債權者に船舶及運賃を委付して其責任を免るゝことを得(商法五四四

條)之を船主の責任免除の委付と謂ふ又船主は船舶を保險に付したるときは委付の原因の發生したる場合に債務者たる保險者に船舶を委付して保險金額の全部の支拂を請求することを得(商法六七一條)之を船主の保險委付と謂ふ而して保險委付は權利移轉の行爲なること疑を容れずと雖も(商法六七七條)責任免除の委付に付ては佛、獨、商法を始め我商法に於ても其效力を規定せさるにより學者の説も一定せず或は之を以て權利移轉の行爲なりとし或は之を以て單に債務の精算の方法に過きすとなす此の如く責任免除の委付には見解を異にすと雖も實際上に於ては同一の結果を生すること多しと謂はさるへからす蓋船主か債權者に對し責任免除の委付を爲すは船舶か沈没するか若くは大破損を生する場合にして船舶の價格か著るしく債權額を低下するときなりとす

船主は二の場合に於て二種の委付權を行使するを得るとせは船主は同一の船舶に付き同時に若くは相前後して二種の委付權を行使することを得るや否や委付の競合に關するの問題なりとす

甲　船主は二種の委付權を行使するを得すとなす論者の説によれば委付は

共に權利移轉の行爲なるを以て船主か既に債權者若くは保險者に委付を爲したるときは船舶の所有權を失ふものなるを以て更らに同一船舶の所有權を移轉せしめんとするは最理論に反するものと謂はさるへからすと

乙　船主か二種の委付權を行使するを得るとなす論者の説によれば責任免除の委付は權利移轉の行爲にあらずして單に債務の精算の方法に過きす且保險者は委付により被保險者に代位するものなるを以て保險者は船主か船舶の上に有する債務をも承繼すへく從て船主か債權者に委付をなすとなさゝるとは保險の委付に影響を及ほすものにあらさるなりと

甲説の如く二種の委付權を以て共に權利移轉の行爲なりとし一方に對し委付を爲したるときは船主既に其所有權を失ひたるものとして後の委付を認めさるは理論上最正當なるか如し然れとも委付は共に權利移轉の行爲なりとするも其效果は常に所有權を移轉せしむるものなるやは大に疑なき能はす例は船舶が交戰國に捕獲せらるゝか若くは海洋に於て沈沒したる場合に船主か委付を爲すことあるも委付は遂に所有權移轉の效果を生せすして終るものなと

謂はさるへからず、されば委付を以て權利移轉の行爲なりとするも賣買贈與等の如く一方に於て所有權の喪失あると同時に他方に於て直に之を取得する行爲とは全々區別するの必要あり特に船舶の讓渡に付ては第三者に其所有權を對抗するの要件として當事者の意思表示の外船舶讓渡の登記と其旨を船舶國籍證書に記入することを要するを以て(商法五四一條)若し委付により其所有權を取得するとせば第三者に對抗の要件を如何に定むへきや此の如き事實は畢竟海商法に特有なる二種の委付の性質を一般の法理により解釋せんとするよ り生するものにして嚴格に其性質を定めんとせは却て海商法に於て船主の保護の爲に慣習上委付を認めたる利益を滅却するに至らん此理由に基き委付は共に權利移轉の行爲なることを認むるとするも直に所有權を移轉するものなるや否やの理論は暫らく之を措き實際上如何なる場合に二種の委付權を行使するときは如何なる結果を生するかを知るは最肝要なりとす

第一の場合　船舶か交戰國の爲めに捕獲せらるゝか若くは海洋に於て沈沒せる場合

此場合にありては委付の目的たる船舶は委付に先ち滅失せるものなるか故に假へ委付を以て權利移轉の行爲なりとするも決して所有權移轉の效果を生するものにあらす從て船主か二種の委付權を行使するも所有權の移轉に關し權利の牴觸を生することなきものと謂はさるへからす

第二の場合　行方不明の船舶若くは官の處分により押收せられたる船舶か委付の後發見せられ若くは解放せられたる場合

此場合に問題を生するは船舶の所有權を保險者に歸すへきや將た債權者に歸すへきやにあり蓋甲論者か二種の委付權を行使するを得すと謂ふは此の如き場合を想像したるに外ならす然れとも此の如く委付により權利の牴觸を生したる場合に若し之を調和するの方法ありとせは二種の委付權の行使を許すも保險者並債權者の利益を害するものにあらず單に委付の性質を理論的に推究して二種の委付權行使を許さすとなすは商慣習を破るの患なきを得さるなり

第九項　船主の免責委付 (Aband on du navire)

船主の免責委付は船主か船長の法律行爲及不法行爲に付第三者に對する責任に關する事項なるを以て海上保險契約とは關係する所なきか如しと雖保險者か損害の塡補として船主に保險金を支拂ひたるときは保險者は船主か保險の目的に付所有する一切の權利を取得するものなるを以て船主か債權者に對し有する委付權をも取得することゝなるにより玆に船主の責任免除の委付に付述ふるは贅言にあらすと信す

船主は船長か其法定の權限內に於てなしたる法律行爲及其職務の執行により犯したる不法行爲に付第三者に對し其全財產を以て責任を負ふを原則とすれとも商法は海商の保護其他種々の理由により船主の責任の範圍に制限を設けたり即海商に於ては船主の財產を海產と陸產とに區別し船長の行爲に付ては船主は其海產を委付して之か責任を免るゝことを得るものとせり

免責委付の起原　船主の免責委付に關する規定は羅馬法に其起原を生した

るものにあらす「プレトリアン」の法によれは船主は船長の法律行爲に付第三者に對し責任を有するものとし且つ其責任に付ては何等の制限的規定を設けす只船長の不法行爲に付ては船長か奴隷なるか若くは家子なるときは船主は被害者に船長を委付して以て損害に對する金錢上の義務を免るゝことを得たり然れとも羅馬法に於ける此種の委付は海商に於て船主のみに認められたるものにあらす奴隷若くは家子か不法行爲ありたるときは奴隷の所有者若くは家父は被害者に之を委付して金錢上の責任を免るゝこと一般に認められたる所なり

羅馬法にありては船主の免責委付を認めさること前述する所の如し而らは委付の起原は何れの時に於て之を求むることを得るや中世(moyen age)に於て有名なる彼の Consulat de mer には既に委付に關する規定を設けたり降て千六百八十一年佛蘭西の Ordonance の規定によれは船主は船長の行爲に付第三者に船舶及運賃を委付して其責任を免るゝことを得るものとせり要之船主の免責委付は中世及近代の始めに於て地中海に於ける貿易事業の發達に伴ひ生したるもの

なることと疑を容れさるなり

歐洲大陸諸國の立法例にありては大概船主の免責委付を認め或は之を認めさる立法例と雖も船主の責任を制限し以て委付を認めたると同一の結果を生すへき規定を設くるを見る然れとも英國の立法例にありては船主の無限責任の主義を固執し船主は其全財産を以て船長の行爲に付責任を負ひ唯或場合に其責任に一定の金額の制限を設けたれとも其結果は全財産を以て責任を負ひたると異なる所なきなり

船主か委付權を行使するを得るは船長の法定の權限內の法律行爲より生する船主の責任に付ても之を認むへきや或は船長か其職務の執行により犯したる不法行爲の責任に付てのみ限るや將た二の場合に等しく之を行使することを得るやは學者間に種々の議論あるのみならす各國の立法例も其規定を一にせさる所なり

委付は船長の不法行爲より生する船主の責任のみに限るものとなす學者の說によれは船主は自己の爲せる法律行爲に付其全財産を以て責任を負ふと同

しく代理人たる船長か其權限內に於てなしたる法律行爲に付きては委付により責任を免るゝことを得す從つて船主か委付を爲すを得るは船長か其職務の執行に當り犯したる不法行爲より生する責任に限るへきなりと（Velin 氏說）船長の權限內の法律行爲より生する責任に付ても委付を認むる學者の說によれは船主が船長の權限內の法律行爲の責任を免るゝか爲めに委付を爲すを得るは蓋し船長の代理の權限は航海に關する事項にのみ制限せらるゝものにして從つて船主の責任も亦航海より生する利益及其利益を生すへき船舶に限るへきものなりと(Emerigon 氏の說)

船長の不法行爲に對し船主の委付權を認めたるは船主か船長を監督するの不能なるに基くものなりと主張するものあれとも甚た理由に乏しきものと謂はさるへからす不法行爲をなすは多くは使用者の監督の善惡如何によるものなりと雖も船主と船長とか隔絕せる地にあるを以て其監督の不能を主張するを得は陸上に於ても亦使用人の監督の不能を主張して使用者の委付權を認めさるへからす又船長の權限內の法律行爲に付船主に委付權を認めたるは航海

業に於ける船主の信用を害すること大なるものなること疑を容れさる所なり英國の立法例に於て船主をして其全財產を以て責任を負はしめたるは蓋理論としては最正當なるものと謂はさるへからす故に或立法例にありては船長の職務の執行より生する不法行爲に付てのみ船主の委付權を認めたるものあり現行商法に於ては佛獨の立法例に倣ひ船長の法定の權限內の法律行爲のみならす其職務を行ふに當り犯したる不法行爲に付ても船主に委付權を行使するを得るものとせり船主は又船長以外の船員か職務の執行により犯したる不法行爲に付ても亦同一の理由に基き委付權を行使することを得畢竟雇傭契約にありては船長と其他の船員の行爲に付て船主の責任を區別するの理由あらさるが故なり(商法五四四條一項)

船主は船舶及運賃の委付により船舶債權者に對する一切の義務を免るゝものにあらず例は船主自ら爲せる法律行爲若くは船長の不法行爲と雖も自己に過失ありたる場合には船主は全財產を以て其責任を負ふものとす又た船主が船長の權限外の法律行爲に付承認をなしたるとき若くは船長の不法行爲に組

みしたるときも同一に解釋することを得へし例は船主が航海に堪へさる船舶を修繕せすして出航せしめたるが爲め積荷に損害を付したるときは委付權を行使するを得さるか如き即之なり

船主か自ら法律行爲をなし船長をして之を履行せしめたる場合に船長の過失により相手方に損害を生したるときは船主は委付權を行使することを得へし盖此の如き場合には船長の職務の執行により損害を生したるものと謂ふを得るか故なり然れ共船主が委付權を行使するを得るは船長の法定の權限內の法律行爲にのみ限るものなるを以て船長が船主の特別委任により爲したる法律行爲に付ては船主は委付權を行使するを得ず例は船長が船主の委任により船舶の保險契約をなしたるときは船主は船舶及運賃を委付して保險料支拂の義務を免るゝことを得さるなり盖保險契約をなすの行爲は船長の法定の權限內に屬するものに非ず船主の他の代理人と雖も之を得るにより特に船長が保險契約をなしたる場合にのみ船主の委付權を認むるべき理由あらさるなり船主の委任により船長か商取引をなしたる場合も同一理由により船主の委付權

を認むることを得す

船主の委付權は船長の法律行爲及不法行爲あることを前提とするものなるを以て若し船長が同時に船舶の所有者なるか若くは共有者の一人なるときは委付權を行使することを得さるものとす

委付權を行使する者　委付權を行使するは船舶所有者なるを常とす船長は船主の特別の委任あるときは委付權を行使することを得べし又船主が保險者に保險委付をなしたる場合に船主が猶債權者に委付をなさゝるときに保險者は船主に代位して委付權を行使することを得へし

船主は船舶及運賃を委付して船長の行爲に付第三者に對する責任を免るゝを得ること前述の如し然れ共此規定に於ける船舶及運賃とは船主に屬する一切の船舶と全船舶より得へき運賃とを意味するにあらす蓋船舶が委付すべき船舶及運賃とは船長の行爲により責任の生したる船舶と其船舶より領收すべき運賃を謂ふに外ならす此の如く解釋せさるときは多數船舶を所持する會社の如き一船舶を指揮せる船長の行爲に付ての責任を免れんか爲め全船舶と運

賃の全部とを委付せされは其責任を免るゝことを得さるととなり會社は遂に委付權を行使する機會を得さるに至るへし

船主か委付權を行使するに當りては船舶の狀態に付一定の制限あるものにあらす(此點に於て保險委付と異る)從つて船舶が破損して航海を爲す能はさると或は沈沒して海面に船體を止めさると或は又船舶に些少の損害を生せさるとを區別せす要之委付を爲すときの狀態により債權者に委付すへきものとす然らは船主は如何なる時期に於て委付を爲すことを要するや商法の規定によれは船主は航海の終りに於て之を爲すへきものとす從て委付の原因の生したる航海の終りに於てなすへきなり又船主は船舶を委付して其責任を免るゝことを得れ共其委付せんとする船舶の價格に等しき金錢を債權者に交付して其責任を免れんことを主張することを得す

船主が船舶と運賃とを委付すべきものなることを規定せるは蓋船舶が航海を終了したる場合若くは既に航海を爲したることを假定せるものなるを以て製造中の船舶に付ては假へ代理人の行爲により船舶に關し船主に責任を生する

ことあるも委付權を認むへきものにあらす畢竟此の如き場合には代理人を以て船長と看做すことを得さるが故なり

委付の內容　船主は船舶と共に運賃を委付することを要す葢運賃は船舶より生する果實にして船舶が海上の事故に罹り破損せる場合に救助せられたる積荷の數量の大なるときは運賃との額は破損せる船舶の價格より却て大なることあり若し船主か此の如き場合に船舶のみを委付して其責任を免るゝを得るとせは船主の責任は甚た輕きものと謂はさるべからす商法に於て船主が船舶と共に運賃をも委付するを要するとなしたるは即之等の理由によるなり

委付により船舶と共に包含せらるゝ運賃とは如何なる種類のものを謂ふや葢船舶は航海の度數を加ふるに從ひ其航海の始期と委付を爲したる時期との間に航海の度數に比例して運賃を領收するものとす然れ共船主は委付の原因の生せる前の航海に於て得たる運賃をも委付すへきものにあらす畢竟此種の運賃は既に船主の陸產の中に入りたるものにして之れを海產と見做すことを得す或學者の說によれは委付の中に含まるへき運賃とは船長の行爲により船

主の責任の生したる時の航海より受くへき運賃を謂ふと此の如く解釋するときは航海の度數を重ぬると共に各航海に委付の原因たる事實の屢々發生するに從ひ運賃の計算に付混雜を生するを免れす故に商法の解釋としては最後の航海に於て領收すへき運賃を謂ふものとす換言せは委付權を行使したる時の航海の運賃を謂ふものとす

船主の委付すべき運賃とは frêt brut(運賃より航海の費用を控除せさるもゝを謂ふ)にあらすして frêt net (運賃より航海費用を控除せる船主の純利益を謂ふ)を謂ふものとす若し frêt brut を謂ふものとせは一方に於ては船主は陸産を以て航海の費用を負擔すへく一方にありては債權者は船主に航海費用を請求するの結果となり委付權を認めたる立法の精神に反するものとす要之委付すへき運賃とは委付權を行使せる時の航海に於ける運賃より同航海の費用を控除せる船主の純利益なりと解すへきなり

船主が船舶の往航及歸航に付各異なりたる運賃を以て傭船契約をなしたる場合に往航に委付をなしたるときは往航の運賃を委付すへく歸航に之をなし

たるときは歸航の運賃を委付すへきものとす若し往航歸航の傭船契約に於て歸航にのみ運賃を支拂ふものなる場合に歸航に委付を爲すときは船主は運賃全額を委付すへきものなれ共往航に委付を爲したるときは船主は運賃の支拂を受けさるを以て委付すへき運賃なきものと謂ふへく畢竟此場合には船舶のみを委付して其責任を免るゝことを得るものとす

船主が自己の所有に屬する荷物を船積したるときは運賃を領收することなしと雖も船主は運賃の支拂なきを理由として船舶のみを委付することを得す蓋此場合に船主が船舶のみを委付するを許さゝるは委付により運賃を利益するものなるか故に船主は他の船舶に船積したる場合に支拂ふへき運賃の額を債權者に委付すへきものなること疑なし

船主の委付は其內容として船舶と運賃とを包含するを常とすれ共場合により運賃を包含せさることあり畢竟領收すへき運賃の存在せさるによるなり例は積荷を船積せさるか若くは海上の事故により積荷の全部を滅失したる場合の如き即之なり

船主は運賃の委付として債權を委付することあり例は船主が傭船者より運賃を領收せさる場合に傭船者に對する債權を委付するか如き即之なり此の如く船主は運賃を委付するに當りては或は之に代はるへき債權を委付することあり或は既に領收せる金額を交付することあり而らは船主は船長が既に運賃を領收せる場合に其金錢を債權者に交付するを要するや或は船長に對する債權を委付するも可なるや此問題は船長が無資力となりたる場合に最必要なるものにして若し船主は船長に對する債權を委付するを得るとせは船長の無資力の爲めに損失を蒙るものは債權者なりとす反之船主は船長の領收せる金額を債權者に交付するを要するものとせは船長の無資力は船主の損失に歸す金錢の交付を必要となす論者の説によれば船長は假へ其權限により運賃を領收するも船主の代理人なるが故に代理に關する一般的規定により本人たる船主自ら之を領收したるものと看做さゞるへからす從つて船長が其領收せる金額を船主に交付せると否とを問はず船主は債權者に其金額を交付すへきものにして船長に對する債權を委付することを許さすと船長に對する債權の委付を認

むる論者の說によれは船主が船長より金額の交付を受けさるに債權者に之か交付をなすべきものとせは船主は海産以外の財産を以て責任を負ふの結果となる元來船長が運賃を領收するは船長の法定の權限內の行爲にして船主は海産委付により之が責任を免るゝことを得べく別に海産以外の財産を以て責任を負ふの理由あらす故に船主は船長に對する債權を委付することを得るものなりと

船主は船舶及運賃の外船舶の上に有する損害賠償及報酬の請求權をも委付することを要すと而して玆に問題となるは船主は保險契約より生する保險金をも委付すべきものなるや否やにあり此問題に關しては學者間に種々の議論あるのみならず各國の立法例に於ても其規定を一にせず或は明文を以て委付の中に保險金をも包含するとなすものあり或は之を包含せすとなすものあり蓋し疑義を防くの目的に出でたるものとす船主の委付の中に保險金を包含すと主張する論者の說によれば保險金は保險の目的たる船舶に代位(subrogation)するものなることは船舶の抵當權者若くは先取特權者が船主の領收すべき保

險金の上に優先權を有することを認むるによりて推究することを得へしと(佛千八百八十九年十月法律第二條)
委付の中に保險金を包含せすと主張する論者の說によれば保險契約は船主が自己の財產の安全を計り其損害の發生を防止するか爲めに注意的の行爲に基きたるものにして此行爲は債權者に利害關係を及ほするものにあらす蓋船主が船舶の滅失若くは毀損の場合に一定の補償を得んが爲め支拂ひたる保險料は船主の海產以外の財產を處分したるものにして若し委付の中に保險金を包含するものとせは船主は陸產を以て責任を負ふものなるのみならず陸產を處分して得たる保險金を支拂ふの義務を有するものと謂はさるべからす佛其他の商法に於て船舶抵當權者及先取特權者に保險金の上に優先權を認めたるを以て直に保險金が當然船舶に代位するものなりと斷定することを得す畢竟立法者が船舶抵當權者及先取特權者の利益を省み特に例外として此代位を認めたるに過ぎず是より推究して債權者に對する委付の場合にも保險金を包含するものなりと論することを得すと

船舶の抵當權者及先取特權者は保險金の上に先取特權を有することを規定し保險金が船舶に代位するものなることを規定する立法例あり(佛一八八九年法第二條)然れ共保險金が船舶に代位するものにあらすとして委付の中に保險金を包含せさるものとなすは一般學者の唱導する所なりとす現行商法に於ては船主は保險金を委付すべきものなるや否やに付規定を缺くを以て右述べたる議論の生するを免れず理論の正否は暫く置き保險金は船舶に代位するものなりや否に關し規定を設くるは立法上の急務なりと信す

委付の中に保險金を包含するものなりや否やに付ては種々の議論のあること前述する所の如し然れ共船主が船舶に付有する損害賠償の請求權は保險金と同一に論すべきものにあらず蓋損害賠償の金額は當然船舶に代位するものにして從つて船主は船舶及運賃と共に此金額(及其請求權)をも委付することを要す例は委付せる船舶が他の船舶の過失により衝突して損害を生したるときは債權者は委付により過失ある船主に對する損害賠償の請求權をも取得するが如き即之なり

共同海損の場合に於て船主が他の利害關係人に對し有する海損債權も亦委付の中に包含せらるゝものとす

政府は內國船舶の航海を奬勵し貿易業の發達を計らんが爲め船主に奬勵金を附與す而して船主が委付を爲す場合には奬勵金(最後の航海に於ける)をも委付すべきものなるや否やに付學者間に議論のある所なり之を包含すべきものとなす論者の說によれば奬勵金は船舶に附隨するものなるに若し船舶を委付したる場合に船主が奬勵金のみを留保することを得るとせば奬勵金を附與する立法の精神に反するものなりと

委付の効果　船主は船舶及運賃を委付して船長の行爲に付第三者に對する責任を免るゝことを得是即ち船主の免責委付の效果なり然れ共債權者は委付により船舶及運賃の上に如何なる權利を取得するものなるやに付ては商法に規定なきを以て種々の議論の生ずるを免れず今左に學者の說を示さん

甲　所有權移轉の行爲なりとの說　此說によれば船主の免責委付は所有權移轉の行爲なるを以て債權者は委付により債務者たる船主に代位するも

のなりと

乙　債務の精算の方法なりとの説　此説によれば委付は債務の精算の方法に過ぎざるが故に船舶の所有權は債權者に移轉するものにあらす債權者は委付により委任關係を發生し之により委付せる船舶を賣却し其代金により債權の辨濟を受くるものなりと

委付が所有權移轉の行爲なるや將た債務の精算の方法なるやの決定如何により次の如き差異を生ず

一、所有權移轉の行爲なりとせば之を以て第三者に對抗せんが爲めには船舶登記法の定むる所に從ひ登記の手續をなさゞるべからざれども其手續を如何に定むへきや

二、委付により船舶の所有權が債權者に移轉するとせば債權者は自己の利益の爲めに船舶を賣却せずして之を航海に使用することを得へし若し委付が債務の精算の方法に過ぎずとせば債權者は之を賣却して其代金より債權の辨濟を受くるの外あらざるなり

三、船舶及運賃の價格が債權額を超過するときは其超過額は債權者に歸すべきや若くは船主に歸すべきや蓋委付に付所有權の移轉の效力を認むると否とにより解釋を異にせさるべからず

右述ぶるが如く委付に所有權移轉の效果を認むると否とにより種々の問題を生ずれども實際にありては此等の問題を生ずること甚だ稀なりとす蓋船主が委付權を行使するは多くは船舶が沈沒するか若くは大破損をなして船舶價格が債權額より著しく減少せる場合なるを通例となすが故なり然れども破損せる船舶の評價の如き困難なる問題にして或は船主が其評價を誤りて債權額より少なるものと思意することあり此の如き場合には亦右の問題を生ずることある可し

委付は單獨行爲なるを以て債務者が委付の通知を受けたる時より其效果を生ずるものなること保險委付に付述べたる所の如し

委付權の消滅　船主が委付權を行使するとせざるとは公の秩序に關するものにあらざるを以て船主は之を拋棄することを得べし而して委付權の拋棄に

は明示の場合と默示の場合とあり後者は船主が債權者に全財産を以て船長の行爲に付責任を負ふべきことを約するにより生ずるが如し又船主が船長の行爲を追認したるときは委付權を抛棄したるものとす然れども船長が船主の特別委任に基き爲したる行爲に付きては船主は委付權を有せざるを以て此の如き行爲に對する船主の追認は委付權の消滅とは何等の關係を有せざるものとす

船主は債權者に船舶を委付する代りに船舶の賣却代金を交付して其の責任を免るゝことを得るや之を否定する論者の説によれば船主が委付權を行使するを得るに付ては船主が船舶の所有權を有することを條件とす若し之を賣却せるとせば船主は既に委付をなすの權を喪失せるものなりと反之其交付を認むる論者の説によれば船舶の賣却代金は當然船舶に代位するものなるを以て之を交付するは即委付を爲すと同一の結果を生ずるものなりと現行商法に於ては此場合に付規定を設けざるを以て果して船主は船舶の賣却代金を交付して其責任を免るゝを得るや否やは頗る疑問に屬するものと謂はざるべからず

米國法の如き船主は船舶を委付する代りに其代價に代はるべき金額を債權者に交付して其責任を免るゝを得るものとせり(米合衆國一八八四年六月二十日法律)責任免除の委付に關する外國の立法例

英國法は全く歐洲大陸諸國と異なりたる主義を採用するものにして即ち船主は船長の權限內の法律行爲に付其全財產を以て責任を負ふものとし唯た船長が其職務の執行に付不法行爲ありたる場合に船主に一の制限を加へたれども歐大陸諸國の立法例の如く船主に委付の權を認めざるなり而して船長の不法行爲より生する損害に付きては船主は其損害が物に生じたる場合と人に生じたる場合とを區別し一噸に付八「リーブルステルリング」より十五「リーブルステルリーング」の範圍を以て其船舶の噸數に比例し全財產を以て責任を負ふべきものとす盖右の如き割合により船主の責任の額を定むるの主義は船舶の價格一噸に付四十ポンドに超過する場合には大なる利益ありと雖も帆船の如く一噸四ポンドを超過せざるものに對しては最も重き責任なりと謂はざるべからず

佛國法　佛國商法は我商法と同じく船主は船長の權限內の法律行爲及船長の職務執行により生ずる不法行爲に付其全財產を以て責任を負ふものとし且船主の其責任を免るゝが爲めに船舶及運賃の委付權を認めたり

獨逸法　獨逸商法に於ては船主に委付權を認めず從つて船主は全財產を以て船長の行爲に付責任を負はざるべからず然れども船主は左の場合に於ては船長の行爲に付船舶及運賃を以て其責任の限度となすべきものとせり畢竟此場合は佛商法に於て船主に委付を認めたる場合と等しきものとす（獨逸商法四八六條）

船主は左の場合には其全財產を以て責任を負はす只船舶及運賃を以て責任の限度とす

一、船長が法定の權限內に於てなしたる法律行爲より生したる債權但特別の委任に基くものは此限りにあらず

二、船主のなせる法律行爲にして船長が職務上之が履行をなすべき場合に其不履行若くは履行の不完全より生する債權、但其不履行若くは履行の不完全の船

員の過失より生ずると否とを區別せず

三、船員の過失より生ずる債權

然れとも法律行爲の履行に付船主に過失あるか若くは船主が特に其履行を保證したるときは第一號第二號に此規定を適用せざるものとす

獨逸法に於ては債權者は船舶保險金の上に訴權を有するや否やを規定せず然れども一判決例は反對の解釋を與ふるを見る

米合衆國法（千八百八十八年六月二十日法）米合衆國法は船長の法律行爲及不法行爲に付船主の責任を時々變更せり千八百五十一年前其慣習法によれば船主は船長の法律行爲に付第三者に對し其全財産を以て責任を負ふべきものとなせり千八百五十一年五月三日の法によれば船長が船舶及航海の爲めになしたる法律行爲に付きては船主は其全財産を以て責任を負ふ而れども其不法行爲に對しては船舶及運賃を以て其責任の限度とせり千八百八十四年六月二十日法によれば船主は船長の法律行爲に付きても船舶及運賃の限度に於て責任を負ふことを得るものとせり

又船主は船舶を委付する代りに其價格に代はる金額を債權者に支拂ふことを得るものとせり

右述ぶるが如く英國法による船主の責任に關する主義と歐大陸幷米合衆國の主義との異なる點より之を見るに英國主義は多くの場合に他の主義よりも船主に重き責任を負はしむるものと云はざるべからず今左に其場合を示さん

一、航海に於て船長は屢々過失により損害を生ぜしめたるときは船主は一過失より生ずる損害に付一噸に八リーブルステルリングより十五「リーブルステル」リングの範圍にて責任を有するが故に其損害を生ずる度數の重なるに從ひ船主は船舶價格以上の金額の支拂義務を生ずることあり

二、過失ありたる船舶が滅失するか若くは大破損をなしたるときは其船主は船舶價格以上の責任を有するものとす

千八百九十四年英國海商法によれば船主は船長の過失あるときにあらざれば火災により積荷其他のものに生したる損害に付責任を負はざるものとせり

第六章　被保險者の義務

保險契約は双務契約なるが故に被保險者は契約をなすと同時に保險料支拂の義務を生ず而して被保險者が契約と同時に保險料の支拂をなしたるときは金錢上の義務を履行したるものなれども被保險者は商法の規定により若くは契約により保險より生ずる他の義務を有するが故に併せて玆に說明するの要あるものとす

被保險者の義務は種々に之を區別することを得べし玆には其重要なるものに付述べんとす被保險者の義務を分ちて一、保險料支拂の義務二、保險の目的に生ずる損害を防止するの義務三、保險契約に關する重要なる事項を通知するの義務四、損害の發生を通知するの義務五、海上の事故により自己の利益(即被保險利益)を失ひたることを證明するの義務の五となさんとす而して(四)(五)に付きては既に說明せるを以て之を略す

第一節　保險料支拂の義務

保險料支拂の義務を說明するに當りては一、被保險者自ら契約をなしたる場合二、契約者が被保險者の爲めに契約を爲したる場合との二に區別するを得べし

被保險者が自ら契約を爲したる場合、保險料の額は契約の當時にありて當事者自由に之を定むることを得べし而して其決定の方法並標準は保險の目的の種類、品質、價格と保險者の負擔すべき危險の大小とにより異なる所あれども契約の當時保險證劵に其額を記載したるときは後日に至り之が增減を許すべきものにあらず蓋保險契約は射倖的の性質を有し過然の事故により生じたる損害を塡補するを目的とするものなるにより保險者の負擔せる危險は當事者の意思に基かずして時々刻々增減變更することあるは契約の性質の然らしむる所にして契約の當時當事者が之を豫期すべきものなりとす若し保險者の負擔せる危險の變更及保險の目的の價格(例は市價)の增減により保險料の增減を許

すものとせば保險料を定めたる當事者の意思に反するのみならず保險契約の利益をも收むること能はず例ば戰爭の開始せんとするに際しては保險者の負擔する危險の增加するに拘らず既に保險證劵に記載せる保險料の增加を許さゝるが如き即之れなり然れども保險期間中保險者の負擔せざる事故により保險の目的の價格が減少したるときは保險料を減額することを得るや盖保險料は當事者間に特別の契約あるにあらざれば契約の後に於て原則として之を增減するを得ざるものなれども元保險料を定むるの標準は保險者の負擔せる危險の大小の外保險の目的の價格によること多きが故に商法に於ては特に例外的の規定を設け保險の目的の價格が保險期間中著るしく減少したるときは被保險者は保險金額及保險料の減額を請求することを得べく而して此場合に保險料の減額は將來に向てのみ之をなすべきものとせり(商法三九二條)前述するが如く保險料は保險契約に於ける要素なるを以て之が增減變更は他の要素の增減變更と同じく契約の效力に影響すべきものなれども此場合に保險料の減額を特に許したるは以上の理由の如し然れども其減額は既に成立せる保險契

約に對し既往に溯りて效力を生するものとせば却て保險契約を變更するものとなれるが故に單に將來に向てのみ效力あるものとせり此點より觀察するときは先の保險契約を消滅せしめ新たに保險契約をなしたるものと謂ふことを得べし保險料と保險金額とを相伴はしめて減額すべきものとなしたるは保險料は通常保險金額に比例するものにして初め保險料を定めたる當事者の意思にも合するものなるが故なり

保險契約をなすに當り當事者が戰爭の開始を豫想して多額の保險料を支拂ふべき旨を契約したるに拘らず保險期間中全く戰爭の開始せざることの確定する場合あり蓋當事者の豫想せる危險が全く消滅せるものにして此の如き場合には保險料の額は豫想せる危險の消滅と共に當事者の意思に適合せざるに至れるものなり故に被保險者は將來に向て保險料の減額を請求するを得べし此場合に保險料のみの減額を許すは契約の當時保險料の額が特に危險の大小により定りたるが爲めにして保險者は保險金額の減額なきを理由として其減額の請求を拒絶することを得ざるなり(商法四〇〇條)

保険料は保険者の危険負擔に對する報酬なるを以て若し保険者が危険を負擔せざるに至るときは被保険者は保険料を支拂ふの義務を生せざるものとす故に保険者の責任が始まるに先ち天災其他の不可抗力により保険の目的が危険に罹らざるに至りたるとき(例ば船舶を出航せしめざるか若くは積荷を船積せる如き即之なり)又は保険者が保険の目的の一部に付危険を負擔せざるに至りたるときは被保険者は保険料の全部若くは一部の支拂の義務を免るゝを以て既に前拂せる保険料は之を取り戻すことを得べし(商法四〇八條)保険契約の全部若くは一部が無效となりたる場合にも被保険者は保険料の支拂義務なきに至るを以て前拂の保険料の返還を請求することを得べし(商法三九九條)

被保険者若くは保険契約者が保険者の責任の始まるに先ち契約の全部若くは一部を解除したるときは保険料の全部若くは一部の支拂の義務なきものとす此場合に被保険者若くは保険契約者が保険料の全部若くは一部を支拂ふは契約の解除より生する損害の補償として支拂ふものとす

第三者が他人(即被保險者)の爲めに保險契約をなしたるときは第三者たる保險契約者は保險料支拂の義務あるものとす代理人により契約を爲す場合は被保險者自ら之を爲す場合と同しく被保險者に保險料支拂の義務あるものとす保險料支拂の義務は保險契約の成立により生するものにして保險契約者若くは被保險契約者が契約と同時に之を支拂ひたるときは保險料支拂の義務は直に履行せらるを以て別に問題を生せずと雖も當事者が保險契約に於て保險料支拂の期間を定めたるとき又は保險證劵か裏書若くは指圖式により第三者に轉々せる場合に保險料の支拂を終らさるときには種々の問題を生するものとす被保險者が自ら保險契約をなしたるときは保險證劵が裏書により轉々すると雖も被保險者は被保險料支拂の義務を有す盖保險證劵の讓渡は保險金支拂の請求權を讓受人に移轉せしむるものにして被保險者の保險料支拂の義務をも移轉せしむるものにあらさるなり故に保險の目的が安全に到達せる場合にありては保險者は保險證劵の所持人に對し保險料の支拂を請求するを得ず然れども若し保險の目的が海上の事故に罹り損害を生したるにより保險證劵の

所持人が保險金の支拂を請求したるときは保險者は其支拂金額より未拂の保險料の相殺をなすことを主張することを得るや

他人(即被保險者)の爲めに保險契約をなしたるときは契約者は保險料支拂の義務あるものとす(商法四〇一條)盖此場合には被保險者は契約の當事者にあらさるを以て保險金支拂の義務は契約者の負擔するものなること明なり若し被保險者が保險の目的の滅失若くは毀損により保險者に保險金の支拂を請求するときは保險者は保險金の中より未拂の保險料の相殺を爲すことを得るや

保險料は保險契約と同時に支拂はるを通例とすれども保險者は保險證券の中に保險料支拂の方法及期間を定むるとあり或は被保險者が保險料支拂の方法として約束手形を振出すとあり若し約束手形が裏書により轉々する場合には其效力に關しては手形上の現定を適用すへきものなること疑なし又た保險證券中に保險者が保險金の支拂に付未拂の保險料を相殺することを記入せることあり或は之が記入なきときと雖も契約の後更に之が相殺に付同意を爲すことあり此等の場合に於ては保險料の相殺は當事者の契約に基くものなるを以

て疑を容るゝ所なしと雖も此の如き契約なきときは右に述へたる二の場合に付問題の生するを免れさるなり

甲　相殺を許さずとなす説

此說によれば保險證劵が裏書又は指圖式により被保險者以外の第三者の所持するとき若くは契約者が第三者(即被保險者)の爲めに契約をなしたるとき保險者は被保險者若くは保險證劵の所持人に對し保險料の相殺を主張することを得す盖所持人若くは被保險者は保險金の請求權と保險料支拂の債權とを併有するものにあらす所持人は裏書により保險者に對する保險金の請求權を條件付に取得せしものにして被保險者も亦第三者の契約により其利益即保險金の請求權のみを享受せるものなるを以て保險者は保險證劵の讓渡人たる被保險者若くは保險契約者に之が支拂の請求を爲すべきものなりと

乙　相殺を許すとなす說

此說によれば保險證劵が裏書により第三者に移轉する場合と雖も保險證劵に保險料の未拂なることを記入せるときは其所持人は一覽により保險料の支拂

なきことを知るが故に其所持と共に支拂の義務を負ふものとなさゝるべからず然らされは保險證劵の讓渡は被保險者が無資力となりたるときは其所持人は完全に保險金の支拂を受るも保險者は保險料の支拂を受くるを得ざるに至らん保險契約者が被保險者の爲めに契約をなし被保險者が保險金の支拂を請求する場合も亦右と同一に解釋することを得へし反對論者の主張する所によれば被保險者は保險金支拂の請求權を有し保險契約者は保險料支拂の義務あり而して此二の資格は被保險者の倂有することを得ざるものなりと然れども被保險者が保險金の請求を爲すに當りては其契約より生ずる義務を履行することを要す保險者も亦保險料の支拂あるにあらざれば之が支拂を爲すの義務あるものにあらず殊に保險證劵に於て保險料の未拂なきことを記入するものとせば被保險者は契約より生ずる義務の履行せざることを知るを得るが故に單に保險金の請求權のみを主張することを得す但此場合に保險契約者と保險者との間に存する他の債權の相殺を主張するを許さゝるは疑を容れざる所なりと雖も苟も保險證劵に記入せる未拂の保險料は保險金の中より相殺をなす

に妨げなき所なりと

商法に於ては保險契約者が他人(即被保險者)の爲めに契約を爲したる場合に被保險者が當然其利益を享受すると謂ふは被保險者が保險金の請求權のみを享受するとの意味なるや或は保險契約より生ずる被保險者たる權利義務をも取得すとの意味なるや蓋利益なる文字の意義より解釋する時は負擔を含まさる如くなれども被保險者が保險金を請求するに當り未拂の保險料を支拂ふは必しも之を被保險者の不利益なりと謂ふことを得ず却て利益なりとす若し被保險者が保險料の支拂をなすを欲せざれば保險金の請求權を拋棄すれば足れり要之保險者は保險證劵の所持人の請求あると將た契約者以外の被保險者の請求あるとを問はず保險金の支拂を爲すに當り民法の相殺の規定により保險料を控除するを得るものと謂はざるべからず

保險契約に於ける當事者幷保險者の破産

甲　保險者の破産

保險者が保險證劵に定めたる保險期間若くは航海中に破産の宣告を受くるこ

とあり此の如き場合には保險者は猶海上の危險を負擔せるものなるが故に保險者をして相當の擔保を供せしめざるときは保險の目的の滅失若くは毀損の場合に被保險者が完全の塡補を受くること能はず且つ破產の宣告は破產者の財產を破產債權者に公平に分配せしむるべきものなるを以て被保險者が未來に發生すべき損害に付破產者の支拂を期するは實際上甚だ不安なることなりとす此理由に基き商法に於ては被保險者の撰擇により或は擔保の請求をなし或は之をなさずして直に契約の解除を爲すを得るものとせり(商法四〇五條)從つて被保險者が解除を爲したるときは保險料支拂の義務は消滅せるを以て既に支拂ひたる保險料の返還を請求するを得べく或は被保險者は破產者たる保險者に對する權利を拋棄して同一の目的に付同一の危險に對し更らに保險契約をなすことを得べし此場合に重複保險を生ぜざるは前述する所なり(重複保險に關する節參照)

乙　被保險者の破產

被保險者が保險契約をなすと同時に保險料を支拂ひたるときは被保險者は保

險者に對する金錢上の義務を履行したるものなるが故に其以後に於ける被保險者の破產は保險の目的に生じたる損害塡補の請求權に何等の影響を及ぼすものに非ず何んとなれば保險金は保險者に支拂ふ保險料の對價なりと謂ひ得るによるなり然れども保險證劵に於て保險料の支拂に付期間を定めたる場合に其期間中に被保險者が破產の宣告を受くるときは保險者は保險料の支拂を受くること能はず殊に保險者は保險の目的が滅失若くは毀損せる場合と然らざるとを問はず保險料の支拂を受くべきが故に一定の擔保を供せしむるは最必要なりとす若し擔保を供せざれば契約を解除するを得せしめざるべからず商法に於ては被保險者の破產の場合も前述の場合と同じく保險者に撰擇の權を與へたり(商法四〇五條三項)

丙　保險契約者(被保險者の爲めになしたる)の破產

他人の爲めに保險契約をなしたる第三者が保險證劵に記載せる保險期間中に破產の宣告を受けたるときは保險者は保險料の支拂を確保せんが爲め契約者をして擔保を供せしめ若くは自己の意思により隨意に契約の解除を爲すこと

を得べし蓋保險契約者は自己の爲めに保險契約をなしたるものにあらず從つて之より生ずる利益を享受するものにあらずと雖も保險者は契約者を信用して保險契約をなしたるに外ならず殊に保險證劵に於て被保險者の氏名商號を記載せざる場合には單に契約者に保險料支拂の請求をなすの外なきものとす此の如き理由により契約者直接に當事者として保險料支拂の義務を負ふものとす然れども契約より生ずる利益を享受するは被保險者なるを以て若し被保險者が契約者の支拂ふべき保險料を負擔して之が利益を得んとせば契約を存續せしむることを要す故に保險者は被保險者に之が支拂を請求することを得るものとせり但被保險者は自己の意思によりて契約をなしたるものにあらず且被保險者は第三者の契約により其利益を享受すと雖も未だ此利益を享受すべきものなるや否や不確定の時に際し保險料を支拂ふの義務を負はしむるは被保險者の意思を强制するに外ならず若し被保險者が之を支拂ふを欲せざれば保險者に對する請求權(即損害の發生の場合に生ずる保險金支拂の請求權を云ふ)を拋棄するに如かざるなり(商法四〇六條)

商法に於ては當事者の一方若くは被保險者が破產の宣告を受けたる場合に他の一方の當事者は自己の撰擇により或は擔保を供せしめ或は直ちに契約の解除をなすを得るものとせり然れども破產者が相當の擔保を供するを得るに拘らず直に解除を爲すを得るは立法上當事者の利益を保護したるものにあらず殊に被保險者の破產の場合の如き僅少の保險料を支拂へば金錢上の義務を履行せるものなるに保險者の意思により契約を解除するとせば被保險者の利益を全く無視することとなるべし要するに破產者が擔保を供することを能はざる場合に始めて契約を解除すべきものとなすは最穩當なる方法なりと信ず

第二節　保險の目的に生する損害を防止するの義務

保險の目的たる船舶若くは積荷が保險者の負擔せる海上の危險に罹り滅失若くは毀損するときは保險者は損害を塡補するの責任あること屢々述べたる所の如し然れども保險者は危險の發生に際し自己の負擔の範圍を減少せんが

爲め自ら損害を防止するの策を講ずる地位にあらざるのみならず被保險者若くは其使用人の通知あるにあらざれば之が發生を知らざることあり故に保險者が損害の發生するに當り之が防止を爲すは只管被保險者若くは其使用人たる船長の處置に委するの外なきものなるや疑を容れずされども被保險者若くは其使用人たる船長は保險者の代理人にあらざるにより保險者の利益を省ると否とは元より其意思の自由に屬するものとす殊に被保險者は保險契約により損失を償ふの途あるを以て損害を防止すると否とは深く自己の利益に關係するものにあらず且被保險者が損害の程度により保險の目的を委付したるときは其所有權は直に保險者に移轉するにより此場合に於ける被保險者の損害防止の手段は元より他人の爲めになす勤勞にして自己の利益を保護するものにあらざるが故に手段の宜しきを得ざることある亦止むを得ざるものとす此の如く被保險者が保險契約の存在を賴み損害の發生を恐れず且之が防止の方法を講ずるの義務なしとせば損害を益增加せしめ保險者の責任の範圍を徒らに誇大ならしむるの恐なき能はず故に歐洲諸國の立法例幷保險證劵の約欵に

於ては特に被保險者に損害防止の義務を負はしむると同時に防止に關する一切の權限を定め且之に要する費用を以て保險者の負擔となすべきものとせり現行商法に於ては被保險者が損害防止の義務あることを認むると共に其費用を保險者の負擔となすべきことを規定すれども(商法四一四條)被保險者が防止に必要なる手段を行ふに當り如何なる權限を有するや又被保險者が委付を爲したる場合と然らざる場合とを問はず被保險者は保險者の代理人として義務を負ふものなりや將た單に法律の規定により一定の範圍に於て義務を負ふものなるや保險證劵に於て被保險者の損害防止の義務に付約欵を設けたるときは當事者の契約に從ふべきものなれども然らざる場合は此の如き種々の疑義の生ずるを免れず又被保險者は危險の發生により生ずる損害を減少せしむるに必要なる一切の手段を講ずるの義務あるものとせば被保險者は難破物の救護、保存に必要なる手段の外被保險者が保險の目的に付他人に對し有する損害賠償の請求權(即權利の保存)の保存の手段をも講ずるの義務ありや(例は時效の中斷をなすが如き之なり)の問題をも決定するの必要あり畢竟損害の防止とは保險の目的に生ずる物質的損害の防止を謂ふにあるや將た保險の目的の上に存する權利の喪失をも防止するを含むや否やにより解釋を異にするを得べし

獨逸商法によれば海上の事故の生じたるときは被保險者は損害の増大を防止する爲めに保險の目的の救助に付必要なる一切の行爲をなすの義務を有す然れども被保險者が防止の手段を取らんとするときは成るべく保險者と協議をなすものとし且救助の效を奏せざるときと雖も之に要したる費用は保險者の負擔とせり又被保險者が委付を爲したる後と雖も損害防止の義務あることを認めたり(獨逸商法八二三條)

佛蘭西に於ける保險會社の保險證劵の約款によれば被保險者は委付を爲すと爲さゞるとを問はず保險の目的を救助し及之を保存するの義務を負ふものとす而して被保險者は他の船舶に積換をなし若くは必要に應じ之が賣却をなし其代金を以て費用の支拂をなすの權限を有すと

第三節　保險契約に關する重要なる事項を通知するの義務

保險契約者若くは被保險者は保險契約を爲すに當り保險者に保險の目的に關する重要なる事項例は其品質、數重、容積等を通知するの必要あるのみならず保險の目的に生ずべき危險の範圍例は發航港并到達港等をも知らしむるの義務あるものとす盖保險者は之等の通知により自己の負擔すべき危險の場所と時とを知り保險の目的を鑑定して保險料を決定することを得べし商法に於ては被保險者は單に保險契約に關する重要の事項を通知すべきことを規定せるに止まり其重要なる事項とは果して如何なるものなるやを示さゞるが故に事實問題として之を決定せざるべからず然れども玆に一例を舉げて謂へば積荷の保險契約に於て船荷證劵に記載すべき必要事項を通知せざるか又は船舶の保險契約に於て船舶の國籍證書に記載するを要する事項を告げざるが如き重要なる事項を通知するの義務を缺きたる者と謂ふことを得べし之を概括的に謂へば保險者の負擔せる危險を增加し又は變更するが如き事項は之を重要なる事項なりとす今若し保險證劵に記載せる事項と船荷證劵又は船舶國籍證書に記載せる事項と相異なりたる場合には保險契約者若くは被保險者が重要なる事項の通知の義務を缺きたるものとして直らに契約を無效となすことを得るや商法に於ては其重要なる事項を制限せざるが故に此の如き場合には其事項が詐僞に基かざる限りは保險者の負擔せる危險に如何なる影響を及ぼすや否やにより決定せざるべからず又被保險者は保險契約に關する重要なる事項を通知すべき義務を有するの結果として之が不實の事項を告ぐべからざるの義務をも有するものとす(商法三九八條獨逸商法八一一條八一二條)

被保險者若くは保險契約者が右に述べたる義務に違反したるときは契約を無效となすべきものとす然れども其通知にして被保險者若くは保險契約者の惡意に基かざるとき又は重大なる過失あらざるときは契約を無效とすべきにあらず此場合には畢竟其事項を更に通知して記載の訂正を爲すべきものとす

被保險者若くは保險契約者が右に述べたる義務を缺きたる場合に保險者が

保險の目的に關する重要なる事項を知れるとき亦同一に解釋すべきものとす蓋保險者は保險契約者の通知なきに拘らず契約の當時保險契約に關する重要なる事項を知れるか若くは其通知は不實なることを知れるを以て特に通知の必要を生ぜざるものとす(商法三九八條末段獨逸商法八一三條)

右述ぶる所は被保險者若くは保險契約者が契約の當時に於ける通知の義務に關するものなれども保險契約者若くは被保險者が契約の後重要なる事項を通知せざりしことを知りたるとき若くは不實の事項を通知したることを知りたるときは更に之が通知の義務を生ずるや商法に於ては此點に付規定する所なきが故に民法其他の規定の適用により之を決定するの外なしとす即此の如き場合には契約の要素に錯誤ありたるものとして契約を無效となすか又は被保險者若くは保險契約者が契約を爲すに當り重大なる過失ありたるものとして保險者より無效を主張するを得せしむるの結果となるべし例ば被保險者が契約をなすに先ち船長より船舶が甲港に寄港すべしとの通知を受けたるに拘らず甲港に寄港せざるものとして契約を爲したり然るに船舶は甲港に寄港せ

んと欲し其實行に着手したるも保險證劵に記載せる航路を離れざる中に遂に沈沒したりとせば保險者は商法第六百六十二條第三項の規定により契約の無效を主張することを得べし(商法六六二條三項によれば到達港を變更し其實行に着手したるときは保險したる航路を離れざるときと雖も航海を變更したるものと看做す)と雖も又被保險者の保險契約に關する重要なる事項(即到達港)に付不實の通知をなしたるものとして約約を無效となすを得べし又戰時に於て交戰國の一方の國民に屬する船舶を中立國の船舶として戰時幷に通常の保險契約をなしたる場合に戰時の危險たる交戰國の捕獲を免るゝことを得たれども船舶は其國籍とは何等の關係なき事項により滅失(例ば沈沒の如し)したるとせば保險者は被保險者が保險の目的に關する重要なる事項に付不實の通知をなしたるもの(即船舶の國籍を詐稱したるもの)として契約の無效を主張することを得べし

以上述ぶるが如く保險契約の當時如何なる事項を通知せざる場合若くは如何なる事項に付不實の通知をなしたる場合に契約を無效とすべきやは事實問

題にして法律問題にあらず而して其事項は主として保險者の負擔せる危險を增減變更するものなることを要するものなれども種々疑義を避くるが爲めに當事者が契約の當時保險證券に豫め其重要なる事項を表示し契約の無效を生ずべき場合を限定するは最安全なりとす

第七章　船主の賠償責任と保險者の責任の範圍

第一節　救援及救助（Assistance et sauvetage）の費用の賠償責任

救援及救助の區別　歐洲に於ける獨逸、佛蘭西其他の國の立法例に於ては救援及び救助に關し商法に規定を設くれども現行商法には條文中救援及救助なる文字を使用するに拘らず之が規定なきを以て種々の問題を生ずるを免れず蓋立法者は救援及救助に關しては水難救護法（明治三十二年法第九五號）の規定により救護者と救護せられたる者との間に於ける權利義務を定めんとするが如し然れども此規定たるや元と行政法規にして商法の規定より生ずる當事者の賠償責任を定むるに當りては疑義の起ることある疑を入れず今茲に歐洲各國の立法例により二者の區別を說明し併せて其賠償責任の範圍を述べんとす

獨佛其他の立法例にありては船舶及積荷が海上の危險に遭遇したる場合に之が救護の方法に付救援と救助とを區別せり而して救援とは船舶及積荷が海上の危險に罹り難破せるが爲め其物件が船舶の乘員の管理を離れたるか若くは乘員が之を拋置したる後第三者が其難破物の全部若くは一部を收拾する場合を謂ひ救助とは船舶及積荷が海上の危險に罹り將に難破せんとするに當り第三者が之を救護するを謂ふ故に救助の場合には救援の場合の如く船舶及積荷が既に難破して船員の手を離れたるにあらず救助の目的は畢竟遭遇せる海上の危險より船舶及積荷を逃れしめんとするにあり實例を謂へば救援は主として難破物を偶然に發見するに生じ救助は海上の危險に罹れる船長若くは船主の請求により生ずるものとす

救護者の費用の請求權　船舶及積荷が海上の危險に遭遇せる場合には被保險者たる船主若くは荷主は保險者に對し損害を防止するに必要なる手段を講ずるの義務あるのみならず自己の利益を保護するの點よりも亦之れが救護の方法を盡さゞるべからず然れども船主若くは荷主が損害を防止せんが爲め救護に要したる費用は保險者の負擔に屬せしむるを得るものなるを以て此場合に費用の額に付問題を生ずることあり例へば船長が救助に付一定の金額の報酬を與ふることを豫約したるときは其金額が通常の救助の費用に比し過大なるときと雖も之を支拂ふの義務あるや否やの問題の如き即之なり畢竟船舶及積荷が海上の危險に罹り船長が第三者の救助を請求する場合の多くは船長が外界の强制に遇ひ意思の自由を缺欠せるを以て若し其契約せる報酬の額が過大に失するときは船長の意思の缺欠を理由として其契約の無效を主張することを得べし然れども此の如き咄嗟の場合に救助を請求せる者が意思の自由を缺欠せしや否やを知るは實際の證明上困難なる問題なりとす故に獨逸商法の如きは救助に先ち報酬の契約をなしたる場合に其金額が過大に失するときは

救助の請求者の抗辯により事情を斟酌して之を減額することを得るものとせり(獨逸商法七四二條)
救護者が船主若くは荷主の請求により一定の報酬を契約したる場合に若救護が其效を奏せざるときは船主若しは荷主は救護の費用を支拂の義務を生せざるや否や此問題も亦被保險者たる船主若くは荷主が保險者に損害防止の費用を請求するに當り必要なりとす外國の立法例の中には救護者が報酬を受くるの條件として救護の效を奏することを必要となすものあり是恰も共同海損に於て船長の處分の結果船舶及積荷が保存せらるゝにあらざれば利害關係人に於て其損害を分擔するの義務を負はざると相似たる規定なりとす然れども救護が效を奏するにあらざれば報酬を與へずとなすは情理として許すべきものにあらず若し商法に之が規定なきを以て報酬を與へずとなさば何人か自ら海上の危險を冐かし救護の勞務を採るものあらん盖救護の事實と之が報酬とを相貫連して規定するは最緊要なる所ろとす殊に商法に於ける救援救助は商船に起る事實を謂ふものにして商關係に於ける勞務は通常無償にてなさるゝ

ものにあらざるを知らば救護者が單純に救護の委任を受けたる場合に其效を奏すると否とを論せず勞務に對する一定の報酬を支拂ふべきものなること疑を容れざる所なり但救護者が受負的の契約により其成效を條件として報酬を定めたる場合は格別なりとす(獨逸商法八二三條)

商法に於ては被保險者は保險の目的に生じたる損害を防止するの義務あることを規定すれども其防止の手段として如何なる權限を有するものなるやを規定せざるが故に保險證劵に於て當事者が特別の約欵を設けざる限りは防止に必要なる一切の權限を有するものと解釋せざるべからず從つて其費用の範圍に付ては實際上種々の疑問の生ずることあり被保險者は保險の目的に生じたる救護の費用は其救護物の價格の範圍內に於て之を負擔することを得べしと雖も被保險者が損害防止の爲めに要したる費用は保險金以外の費用として保險者に塡補の請求をなすことを得るが故に保險者は保險金額以上の支拂を爲すべきことあり(商法四一四條畢竟保險者は損害防止の費用に付きては無限の責任を負ふものとす

第二節　船舶の衝突より生ずる損害の賠償責任

過然の事故其他不可抗力により船舶が衝突したる場合　此場合には衝突より生ずる船舶及積荷の所有者は自己の所有物に生じたる損害を負擔すべきものとす蓋物は所有者の爲めに消滅すとの格言は此單獨海損の場合に適用することを得べし從て船舶及積荷の保險者は保險の目的に生じたる損害を保險金額に比例して負擔すべきものとす

一方の船舶の過失により衝突したる場合　此場合には過失なき船舶の所有者及積荷の所有者は過失ある船主に損害の補償を求むることを得べく或は自己の保險者に損害の塡補を請求することを得べし若し保險者が其請求に應じ保險金を支拂ひたるときは被保險者が過失ある船主に對し有する損害賠償の請求權をも取得するものとす過失ある船舶の所有者は保險者との契約により船長の過失より生ずる損害をも塡補すべきことを保險證劵に記載することあり

かゝる場合に保險者は船舶に生したる損害を塡補するの責任を生するものとす

双方の船舶の過失により衝突したる場合　各船舶の積荷の所有者は各自の船主に對し損害の賠償を請求することを得るが故に積荷の保險者が荷主の請求により保險金を支拂ひたるときは荷主の有する損害賠償の請求權を取得たること前述する所の如し若し船舶の保險者が船長の輕過失より生する損害をも塡補すべきことを契約したるときは此場合に舶船に生する損害を塡補するに當り其責任の範圍を定むるの必要あり歐洲各國の立法例には双方の船舶の過失に原因して衝突したるときは各船主は双方の過失に比例して損害を分擔し過失の輕重を判定すること能はさるときは衝突より生する損害を平分して負擔すべきものとなす主義(商法六五〇條獨逸法七三六條七三七條白耳義一八七九年八月法律第二二九條)と過失の輕重を問はず常に各船主をして損害を平分して負擔せしむる主義(英國判決例並學說)とあり保險者は保險の目的に生したる損害並費用を塡補するの義務あれども他の船舶及積荷に生したる損害及

費用を塡補するの責任あるものにあらず然れども此場合には實際上損害の價格に付種々の問題を生することあるべし

衝突の原因が不明なる場合　元來船舶の衝突は遇然の事故若くは不可抗力による場合と過失による場合との二に限るものなれども實際上衝突の原因が二者の何れにあるやを確知するを得さることあり此の如き場合には遇然の事故又は不可抗力により衝突せる場合と同一に看做し船主及荷主は各自に生したる損害を負擔すべきものとす從つて船舶及積荷の保險者は各自の保險の目的に生したる損害を塡補すべきものとす（獨逸商法七三六條七三七條伊商法六六二條）佛商法に於ては衝突の原因か不明なる場合には其損害は双方の船主に於て平分して之を負擔すへきものとせるか故に（佛商法四四五條）船舶の保險者は保險の目的たる船舶に直接生したる損害及費用のみを塡補すへきものなるや將た保險金額を限度として船主の分擔額を塡補すへきものなるやは議論の存する所なりとす

衝突により船舶に生したる損害の内容に付ては二の說あり一は衝突により

船舶に生したる損害とは船舶の物質損害費用の外船主船長其他の船員が衝突により損失せる利益をも包含するものとす例は船主が船舶の修繕期間航海を中止したるにより損失せる運賃及船長船員が沈沒の爲めに領收するを得さりし給料等をも之れに加ふるか如き之なり蓋衝突より直接及間接に損失せる一切の利益を包含せしめんとするにあり二は衝突により船舶に生したる損害とは船舶の物質的損害にのみ限るものとして衝突により船主船員か直接及間接に損失せる利益を包含せすとなするにあり此の如く船舶に生したる損害の內容に付立法例を異にするか故に保險者か損害の塡補をなすに當りても亦種々の問題を生するを免れさるなり

衝突により共同海損を生する場合　衝突により船舶及積荷に生する損害は單獨海損なるを常とすれとも例外の場合として共同海損を生することあり例は船舶が港口の狹き港に入港するに際し數多の碇泊せる船舶の間を除航せる內風力若くは潮流の爲めに推し流され岩礁に衝突して積荷と共に沈沒せんとするの危險に遭遇するに當り船長か船舶及積荷の共同の安全を得んか爲めに

止むを得す接近して碇泊せる船舶に輕微の衝突を爲さしめ以て船舶及積荷を保存するを得ることあり此の如き衝突より生したる損害は總て共同海損として保存せられたる船主及積荷に於て分擔するの義務あるものとす而して保存せられたる船舶及積荷の保險者は被保險者の分擔額を塡補するの責任を生すること先きに共同海損の精算に關する節に於て述へたる所の如し

水先案内人の過失により衝突せる場合　船長か水先案内人を使用する場合に水先案内人の過失に對する船主の賠償責任に關しては學者間種々の議論の存する所なりとす蓋船長は港口其他不案内の航路を航行するに當りては水先案内人を使用することを得へし而して水先案内人は航路に付智識と經驗とを有するものにして船長は其指導により港口を通過し坐洲の危險を免るゝものなれども船長は水先案内人を使用したるが爲め船舶の指揮權を失ふものにあらず從つて水先案内人により航路の指導を受くるときと雖も其選任幷監督に付て過失ありたるときは船主に對し責任を負ふとともに船主も亦水先案内人の過失に原因して衝突せるが爲めに生ずる損害に付第三者に對し賠償の責任

あるものとす

水先案内に任意的水先案内制と强制的水先案内制との二種あり前者は船主若くは其代理人たる船長と水先案内人との雇傭契約により之を使用するものにして後者は國の法律により一定の航路に限り水先案内人の使用を强制せらるゝものを謂ふ茲に水先案内人の過失に對する船主の賠償責任と相貫連して船舶保險者の塡補の責任に付問題を生ずるは主として强制水先案内人の使用の場合なりとす或論者の說によれば强制水先案内の場合にありては水先案内人は法規により當然船長に代はるものなりとして其の行爲に付きては船主の責任を生せざるものとす此く解するときは水先案内人の行爲に付ては船主は使用人にあらざる者の行爲として賠償の義務を生ずることなく而して衝突により船舶に生じたる損害は保險者をして塡補せしむることを得べし然れども水先案内の强制的たると任意的たるとを問はず其船主の賠償責任を認むるは一般學者の唱導する所なり畢竟强制水先案内の場合に水先案内人の過失に付船主の賠償責任を免除するとなす論者は船長の職務の範圍に付解釋を誤りた

るに起因するものとす蓋船長は水先案内人を使用すると否とを問はず船舶を指揮し自己の権限に基き職務を行ふの責任あるものにして前述する所の如く水先案内人の職務は單に航路の指導に過ぎず若し強制水先案内の場合に水先案内人が船長の指揮權を奪ふものとせは船長は只其指揮の下にありて職務を執行するに過ぎず此の如きは水先案内人の在船するに拘らず何故に船長に在船の義務を必要とせるや立法の理由を見出すに苦むものとす

船長其他の船員が職務の執行に付過失なきに拘らず水先案内人の過失により船舶の衝突を惹起することあり此の如き場合には損害を蒙りたる者は船長に過失ありたるを理由として船主に賠償の責任を負はしむることを得ず又船舶の保險者も同一の理由により保險金の支拂を拒絶することを得ず然れども水先案内人は船長若くは船主か雇入るゝと將た法により強制せらるゝとを問はす船主の使用人として其過失に付ては船主は船長其他の使用人と同一に賠償の責任あるものとす

右述ぶるが如く水先案内人の強制的たると任意的たるとを問はず船主が自

己の使用人として其過失に過ぎ責任を負ふものとすれば船主は一方に於て船荷證劵に於て水先案内人の過失より生ずる損害に付責任を負はざることをの約欵を設け他方に於ては保險證劵に於て保險者が水先案内人の過失により船舶に生ずる損害を塡補すべきことを契約することを得べし

强制水先案内の場合に水先案内人の過失に對する船主の賠償責任に關しては外國の立法例も其規定を一にせず英國の如きは之が責任を免除すべきものとせり(英一八九四年海商法六三三條)獨逸の如き船舶が港口に於て水先案内人の强制的指導の下に航行する場合に船長其他の船員が職務の執行に付過失あらざるときは水先案内人の過失により衝突して生じたる損害に付ては船主の賠償責任を免除せり(獨逸商法七三八條)千八百九十九年「アントワープ」に開會せる國際海法の委員會(Commité maritine international)の議案によれば强制的水先案内により水先案内人の船中にあるときと雖も其過失により衝突して生じたる損害に付ては船主の賠償責任を認むべきものとせり要之强制水先案内による水先案内人の過失に付船主の賠償責任を認むると否とは保險者の損害塡補の責

任に影響を及ぼすべきものなるを以て各國に於ける確一の規定を設くれば最も必要なる所なりとす

挽船の船長の過失より衝突して生じたる損害に付挽船さるゝ船主の賠償責任も水先案内人に付述べたる所と同一に解釋することを得べし但此場合には挽船さるゝ船主は挽船の船主に對し其使用人たる船長の過失を理由として補償請求權あるや明なり

第八章　海上保險に關する國際會議

千八百八十年「アントワープ」に開會せる萬國商法會議(Congres international pu droit commercial)に提出せる議案の内海上保險に關するものを玆に譯述し幷せて其議決文と會議の論旨の大要を説明せんとす

第一　議案

左の保險契約を法律により認むるを得るや

一、積荷の運賃及旅客の運賃

二、希望利益
三、傭船契約、手數料、賣買、及托送より生ずる利益
四、船舶若くは積荷の上に存する抵當權若くは先取特權の主たる債權
五、船員の給料
六、船舶の必要若くは積荷の利用の爲めに使用せる金錢より生ずる一般債權
右の保險契約に於て被保險者に委付權を與ふることを得るや

會議に於ける議決の要旨

委員M.Jacobの提議に曰く金錢に見積ることを得べく且航海の危險に罹かるべき物(chose)若くは利益(Valeur)は有效に海上保險の目的となすことを得べし故に船舶、運賃、希望利益、冒險貸借による借入金、航海の成就より生ずる一切利益、船員の給料の如き海上保險の中に包含せらるゝものなり然れども船舶若くは積荷の上に存する抵當權、若くは先取特權の主たる債權、及船舶の必要若くは積荷の利用の爲めに使用せる金錢より生ずる一般債權は海上保險の目的となすを得ず從つて此種の保險に於ては被保險者に委付權を認むることと

を得ざるなり但當事者が船舶若くは積荷の滅失により此種の債權も共に消滅すべきことを契約せるときは此限りにあらず要之此種の債權は他の保險の目的となすことを得るとするも海上保險に含まるゝものにあらざるなりと

委員 M. Virgiblo 反對論の要旨に曰此種の債權も等しく船舶の航海に付重大の關係を有するものにして例ば債權者が船舶の必要に應じ船長に金錢を貸與するとせば其擔保たる船舶の滅失は債權を消滅せざるとするも其效力を薄弱ならしむと疑を容れず故に實際より之を觀察すれば船舶の航海により此種の債權が海上の危險に罹れるものと謂ふを得べし船舶の滅失の場合に船主は債務を免除せらるゝにあらざること M. Jacob の論旨の如くなりと雖も然れども借主たる船主の資力 (solvabilite) は實際上此種の債務關係に於て從たる地位にあり寧ろ擔保物たる船舶を以て主たる地位に置くべきものなるにより之を海上保險の目的となすに妨けなしと

右の反對論に對する M. Jacob の辯明に曰く海上保險の特質は海上の危險に

より船舶を抵當とせる債權が海上の危險に罹るべきものにあらざるは船舶の滅失せるに拘らず債權の存續するによりて知るを得べし故に當事者が船舶の滅失により債權の消滅すべきことを契約する場合の外此種の債權を以て海上の危險に罹れるものなりと謂ふを得ず反對論者の説の如く實際に於ては債權の擔保たる船舶が主たる地位を有し且海上の危險に付重大の關係を有するものなること疑を容れず要之船舶の抵當權者が船主の資力に付其債權を以て保險の目的となすことを得べしと雖も此種の保險は之に海上保險の名稱を付することを得ざるものなり又た船舶の必要若くは積荷の利用の爲めに使用せる金錢より生ずる債權は海上保險に含むべきものにあらざるは債權自體も其擔保物も共に海上の危險に罹かるべきものにあらざるにより知ることを得べし畢竟此種の債權者は債務者の資力を以て保險の目的となすの外なきものなりと

本議案の他の事項に付ては之を海上保險の目的となすを得べく從て被保險者に委付を認むること委員の一致せし所なれども債權を海上保險の目的と

なすを得るや否やに付ては前述する如く議論二派に分れたり即一は債權は船舶の滅失に拘らず債務者の義務を免除するものにあらずとの理由により海上の危險に罹かるものにあらずと謂ひ一は船舶は法律上より見れば債務の從たるものなれども實際上債權者に唯一の保證を與ふるものなりとの理由により債權が海上の危險に罹るものなりと謂ふにあり債權を以て保險の目的となすを得るは委員の等しく之を認むる所なれども果して之を海上保險と名付くるを得るや否や疑問として存せざるを得ず故に本議案の各事項に付議決をなすを避け次の如く議決するを得たり

第一議案の議決文

金錢に見積ることを得べく且海上の危險に罹かるべき物(chose)及利益(Valeur)は有效に海上保險の目的となすことを得

第二　議案

保險者は損害發生の後如何なる條件により契約せる保險價格に付異議を主張し之が價格を査定することを得るや

第二議案の議決文

保險は損害塡補契約なるが故に保險者は反對契約あるに拘らず且詐僞の行爲あらざるときと雖も出發の時及場所に於て契約により保險の目的に付定めたる價格に對し異議を述ぶることを得又た保險者は航海の成就により保險せる增加額(plus-value)に對し異議を述ぶることを得

保險者が保險の目的の價格に付同意したるときは之が反對の證明は保險者の責任とす

保險者が希望利益に付同意したる場合に之が異議を述べんとせば契約の當時になしたる見積價格が商業上の正確なる評價により算出すべき利益に超過せることを證明するを要す

手數料其他海上の危險に置かれたる物より生ずる利益の保險に付ても右の規定を適用す

保險者は左に列記する支拂の義務を免れんが爲めに同意せる價格に付異議を述ぶることを得

一、共同海損の全額

二、單獨海損、但實價と相比較し損害の額が塡補の免除額に達せざるとき

保險者が危險の始まる時の價格により航海若くは期間を定めて船舶を保險に付したるときは保險者は船舶が航海をなしたるにより生ずる減價を理由として保險價格に對し異議を述ぶることを得ず

會議に於ける議決の要旨

委員會の議決に付議長の說明に曰く議案に付第一に決すべきは損害發生後保險者は如何なる條件により契約の當時同意せる保險價格に對し異議を主張し更に之が價格の査定をなすことを得るやにあり元來保險者が塡補すべき金額は如何なる場合にありても保險の目的に生じたる損害の價格を超過することを得ず而して保險者の塡補すべき金額は到達地に於ける保險の目的の價格により定むるものとするは一般立法例並學說の認むる所なり然れども此の如き評價の方法は實際上不公平を生ずることなきを期するを得ず例ば三十萬圓の價格を以て一ヶ年の保險期間を定め船舶の保險をなしたる

場合に保險期間中種々の事故により船舶が價格を減少し十一ヶ月の終りに於て僅かに十五萬圓の價格を有するに過ぎざることあり積荷の保險に於ても市場價格の暴落により保險價格の半は減少することあり此の如き場合に船舶若くは積荷が滅失したるときは船主若くは荷主は出發時及場所に於ける價格を領收するを得るにより損害の發生は却て被保險者の富裕となるの原因たるものとす然れども若し斯かる不公平の結果を矯正せんとし船舶若くは積荷の到達せる場所に於ける價格により保險價格を定めんとするときは價格の評定に付困難を生ずるのみならず海上の取引上甚だ不確實なる評價をなすことあるを免れず各國の立法例に於て保險の目的の價格を出發の時及場所に於ける價格により定むるものとなしたるは盖此等の理由に基くものとす英國にありては從來船舶に付長期の保險をなすこと屢々行はれたるが爲め英國委員は保險期間中船舶の價格が著しく減少したるときは契約の後に生じたる減價を理由として保險金額の減少を請求するの權を保險者に與へんことを主張したれども他の委員の賛同する所とならずして止みたり

契約の當時保險者が保險の目的の價格に付同意したるときと雖も保險者は保險契約の特質に基き保險金支拂に際し價格に付異議を述ぶるを得るは一般に認むる所なり保險の價格の決定に付詐僞の行爲の行はれたる場合は契約を無效となすべきこと疑を容れず然れども果して詐僞の行爲ありたるや否やを知るは實際上甚だ困難なる問題なるのみならず保險者の危險を增加せしむるものとす故に詐僞の行爲ありたる場合と否とを問はず保險者に異議の權を認むるの必要なること委員一般の賛同する所たり

保險者の同意せる保險の目的の價格が其實價(Valeur réelle)を超過せる場合幷實價より小なる場合にも保險者に異議を述ぶるの權を認むべきものなること一般委員の賛同するところたり蓋其理由とする所は保險者は保險價格が實價より大なるときと等く小なるときも損失を生ずると謂ふにあり例ば(實價より保險價格が大なる場合)十萬圓の實價を有する船舶を二十萬圓の價格を以て保險に付したる場合に若し共同海損の分擔額を船價の十分一とせば契約せる價格(即保險價格)によるときは保險者は二萬圓を支拂ふを要すれど

も實價によるときは一萬圓を支拂へは足れりとす(即保險者は實價によるときは一萬圓を利益すべし)又二十萬圓の實價を有する積荷を十萬圓の價格を以て保險に付し(即實價より大なる價格を以て保險價格となす場合)保險者が價格の百分五以下の損害を塡補するの責任なきことを契約せる場合に單獨海損の額が九千圓なりとせば保險者は契約の價格によれば(即保險契約)九千圓を支拂ふの義務を有すれども實價によるとせば百分五に達せざるが故に之を支拂ふの義務なきものとす

要之保險者は保險の目的の價格に付異議を述ぶるの權あれども保險者が契約の當時價格に付同意をなしたるときは後に之が異議を述べんとするに當り反對の事實の證明をなすの責任を保險者に負はしむること委員一般の賛同する所たり

希望利益の保險に付ては保險者は保險價格に對する異議を述ぶるを得ずとの議案を提出せるものあり其主張者たる M. Vrancken の論旨によれば若し保險者が希望利益に付きてなしたる見積額が契約の當時に於て商業上の正確

なる算出により生ずべき利益に超過せる場合に保險者が先きに同意せる希望利益に付異議を述ぶるを得るとせば種々の爭議を生ずるを免れず何となれば荷物の市價は日々變動あるを免れざるが故貿易業者が自己の積荷より得んとする利益を保險者に於て如何に正確に算定するを得るや盖貿易業者は其利益の大なるを期すべく從つて其價格の大なるを欲すは勢ひ止を得ざるところなり故に白耳義法は希望利益に付きては保險者の異議を許さゞるものとせり余の望む所は被保險者が保險價格を正確に見積るを得易からしむるが爲めに希望利益のみを保險の目的となしたる場合に保險者が其價格に同意したるときは他日希望利益に付異議を述ぶるを得ざらしむるにあり今若し保險者が希望利益を以て商業上正確の評價により得べき利益に超過せるとの理由の下に異議を述ぶるを得るとせば果して不公平なる結果を生ずることなきや被保險者の志望せる希望利益が實際上得られたるや否やを知ることを得ざる場合は屢々生ずるところなりとすと然れども此主張は遂に他の委員の多數の贊同を得ざりき

航海の成就により積荷が出發港の價格に超過するときは被保險者は其超過額に付利益あるものとす從つて被保險者は此利益を包含せしめ以て積荷の保險を爲すことを得べし被保險者が航海の成就による增加額（plus-valeur）に付保險をなしたるときも同じく保險者に異議の權を認むべきものとす

本議決文の最後の項に於て船舶の使用より生ずる船價の減少を保險價格より控除するを認めざるは保險の原則に對する例外なりと謂はざるべからず蓋其理由とするところは前述する所の如く畢竟航海の途中に於ける船舶の使用の程度により船價の減少を評定するの困難なると船舶の保險期間は一般に短期なる爲め通常大なる價格の減少を生ぜざると謂ふにあるもの丶如し然れども海上保險の原則より論ずれば船價の減少を許さゞるに付ては反對論の理由あるや疑を容れざるなり

第三議案

外國に於て密輸入をなす船舶及其船舶の搭載せる荷物は有效に保險の目的となすことを得るや

此議案は國際公法に屬するものとして本會議に付せずして止みたり

第四　議案

他人の計算の爲めになす保險契約は有效なりや且如何なる條件により之をなすべきや被保險者は保險者に自己を通知することを要するや且如何なる時期に於て之を通知すべきや

第四議案の議決文

他人の計算に於てなしたる保險契約は契約者が被保險者の委任を受けたると否とを問はず有效なりとす且契約者は契約の當時委任を有するや否やを通知することを要せず

損害の發生により塡補の請求をなさんとする者は保險金の支拂に先ち保險契約の受益者(即被保險を云ふ)を通知し且其被保險利益を證明することを要す保險契約者、保險證劵及船荷證劵の所持人は被保險利益を有するものと看做し他に之が證明をなすを要せず

第五　議案

保險の目的の讓渡は保險契約の讓渡をも含むべきや、保險料の支拂を終らざる場合に於て保險の目的を讓渡する場合も亦保險契約を讓渡するものなるや

第五議案の議決文

保險の目的の讓渡は保險證券若くは讓渡の證書に於て反對の契約あるにあらざれば保險料が讓渡に先ち支拂はれたると後に支拂はるべきを問はず保險契約をも讓渡するものとす

讓渡により危險を增加したるときは保險者は其責任を免るゝものとす

裏書若くは指圖式による保險證券と民法の規定によりて讓渡すべき保險證券との間に區別あることとなし

本議案に關する委員の論旨は三種に分れたり一は保險の目的の讓渡は保險契約の讓渡を含むと謂ひ一は保險契約の讓渡を含まずと謂ひ一は保險料の支拂はれたる場合と然らざる場合とを區別すべしと謂ふにあり保險契約の讓渡を含まずとなす委員の論旨によれば被保險者の人格は保險契約に重大の關係を有す殊に戰時にありては其例を見ると然れども當事者の反對契約

を認むる以上は譲渡を認むるとなすも別に異議を生ずるものに非ざるなり

第六　議案

重複せる保險契約は協合して成立せしむべきや若くは日附の順序により順位を定むべきや、特別委任を有せざる第三者がなしたる保險契約と他の保險契約とを區別するを要するや、同一利益を保護せんが爲めに相次でなしたる保險契約と異なりたる利益を保護せんがためになしたる保險契約との間の區別の必要 Police d'abonnement と Police ordinaire と間の區別の必要如何

第六議案の議決文

各被保險者若くは其代理人が詐僞によらずして同一の目的に付同一の危險に對し數個の保險契約をなしたるときは日附の順序により其順位を定むるものとす

後の保險契約は被保險者若くは其代理人によりなしたるものにして前の保險契約は委任を有せざる第三者によりなしたるものなるときは被保險者が後の保險契約をなしたる後前の保險契約を承認したるときと雖も後の保險契約を

以て先順位とす
被保險者が前の保險契約を承認して後の保險契約を無效となしたるときは前項の規定を適用せず
會議に於ける議論の要旨
委員M. Drozの論旨に曰く本議案は數個の保險契約が同一の目的に付同一の危險に對し異りたる人により締結せられたる場合(即重複保險)に關す而して重複保險の場合に付多數の立法例の採用する規定によれば前の保險契約のみ其保險の目的の價格の限度に於て有效なりとすれども英國の立法例は之と異なり各保險契約を有效となし各保險契約の保險金額は其目的の價格に比例して減少せらるゝと共に被保險者も亦保險の目的の價格を超過せる補償を請求することを得ざるものとせり保險の目的の價格の全部を以て保險金額とせる數個の保險契約をなしたる場合(即重複保險をなしたる場合を云ふ)に日附の順序により前の保險契約のみを有效となすの主義は保險の目的の所有權が出發の時より到達の時に至るまで同一の人に屬するときは實際

上別に不便を感ずることなしと雖も保險の目的たる積荷に付權利を有する者の利益が複雜せるが爲め現に海上に航行せる積荷の所有權の歸屬者を決定するの困難なる場合には日附の順序は甚だ不公平の結果を生ずるを免れず例へば荷送人、荷受人、及銀行業者の數人が同一の積荷に付各々利益を有するにより之が保險契約をなしたる場合の如き即之なり若し此場合に日附の順序により順位を定むるとせは塡補の請求權を取得せる者は他の保險契約者の選擇せる保險者に對し之が請求をなすべき結果を生ずることあり以上の理由により委員の多數は英法の主義を主張し重複保險を生じたるときは被保險者は各保險者に塡補の請求をなすを得ると共に被保險者は保險の目的の價格を超過する金額を領收するを得ずとの規定を設けんことを建議せり然れども英法の主義は被保險者に前の保險契約の一部を無效となすと共に後の保險契約の一部を有效となすの選擇權を與へたるものにして是れ既に確定せる契約の效力を破壞するの權を與へたるに異ならず且此主義を直ちに採用するは歐洲大陸に於ける諸國の容れざる所なりとす於是委員會は二主義の缺點を補はんが爲め和蘭及獨逸商法に倣ひて規定を定めんことを欲す該商法によれば前の保險契約が被保險者の許可なくしてなしたるものなるときは後の保險契約を以て先順位とす且被保險者のなしたる後の保險契約は確固たる保險契約にして被保險者が前の保險契約を承認したる爲めに無效となるものにあらず但後の保險契約の保險者が自己の契約の無效を同意するか若くは先の保險契約の無效の場合に於てのみ後の保險契約を有效となすべきことを契約せるときは此限りにあらざるなり

第七　議案

保險者は救護(Sauvetage)其他の費用の支拂に付保險金額に超過する金額を補償するの責任ありや

第七議案議決文

保險者は數個の損害が相次ひで生じたるときと雖も保險金額に超過せる金額の補償に付責任を負はず然れども保險者が保險金額の外救護物の價格幷鑑定及損害の精算費の超過額を支拂ふを欲せざれば損害の通知を受くると同時に

若くは救護を始むるに先ち保險金額の全部を支拂ふことを承諾するを要す但當事者が反對の契約をなしたるときは此限りにあらず

會議に於ける議論の要旨は保險者は救護せる物の價格以上に費用の負擔をなすの責任あるや否や若之が負擔の責任ありとせば如何にして之が責任を免るゝことを得るやと謂ふにあり

委員 M. Jacob の提出せる議案によれば保險者は損害の相次ひで生じたるときと雖も保險金額に超過せる金額を補償するの責任あるものにあらず若し保險者が保險金額の外救護物の價格に超過せる救護費用幷鑑定料及損害精算費の超過額を支拂ふを欲せざれば保險者は損害の通知を受くると同時に若くは救助を始むるに先ち保險金額の全部を支拂ふを承諾するを要すと

委員 M. Droz の質問に曰く保險者は救護の費用が救護せられたる物の價格に超過せるときと雖も之を負擔するの義務ありや佛蘭西商法に於ては此點に付規定を設けず且判決例も區々に別れたり此場合に被保險者は保險者と默諾の委任契約あるを理由として費用の請求をなすことを得るやと

委員M. Van Peborghは曰保險者は救護物の價格以上に責任を負ふものにあらず實際に於ては豫め救護をなすものと契約をなし救護物の價格の幾割若しくは其限度に於て報酬を約するを常とするが故に契約者の責任は之を限度となすを得べし

委員M. Ulrich曰白耳義法に於ては保險者は保險價格を超過するときと雖も救護の費用を負擔すべきものとせり此主義を以て最も正當なりとなす所以は被保險者は救護をなすの義務あるものにして損害の減少を計るに付必要なる一切の手段を講ぜざるべからざるによると

第八　議案

保險者が被保險者に保險金を支拂ひたるときは保險者は一切の權利幷賠償請求權に付被保險者に代位すべきものなりや

第八議案議決文

保險者が被保險者に保險金を支拂ひたるときは保險者は法律上一切の權利幷賠償請求權に付被保險者に代位す

會議に於ける議論の要旨

委員 Mr. Jacob の主張に曰保險者が被保險者に代位するの時期は保險者が保險金を支拂ふときに始まるものとす而して代位の證明に關しては保險金の支拂ひありたることの證明を以てするを得べし慣例によれば保險金支拂は領收證と引換により行はるゝを以て代位の證明も亦領收證によるを得べしと

第九　議案

航海を變更したるときは船舶が保險契約による航路を離れざる内に滅失せるときと雖も契約を消滅せしむべきや

第九議案の議決文

航海を變更したるときは船舶が保險契約による航海をなすが爲め航行すべき航路を離れざる内に滅失せるときと雖も契約を消滅せしむべきものとす

會議に於ける議論の要旨

本議案に關しては船舶の航海の變更は直ちに契約の無效を生ずと主張する

ものと共通の航路を航行する內は之か消滅を生するものにあらずと主張するものとの二派に分れたり
委員 M. Jacob は有效說を主張せり曰航海の短縮、延長、若くは變更あるときと雖も船舶が保險せる航路(route)を離れたる後ちに生じたる損害にあらざれば保險者の責任を免除するを得るものにあらず盖船舶が保險契約による航路を航行する間は事實上保險者の負擔せる危險を增加せるものにあらずと
委員 M. Mingotti, M. Bixio 兩氏は無效說を主張せり曰航海を變更したるときは船舶が保險契約による航路を離れざる內に滅失せるときと雖も保險契約を無效とし保險者の責任を免除すべし盖此場合に航海の變更は事實上保險者の負擔せる危險を增加せるものにあらざれども保險者の意思に適合するものにあらず保險者は契約の當時他の航海に付ては或は保險契約をなすを欲せざることあるを豫想せざるべからずと
本會議に於ては航海の變更は事實上危險の增加せると否とに關せず契約を消滅せしむべきものとせり

第十　議案

當事者の一方が契約の當時保險の目的の滅失若くは到達せることを證明せるにあらざれば保險契約の無效を主張することを得ざるや或は滅失若くは到達せる事實が契約の當時契約者若くは其代理人の所在地に知れたるのみを以て足れるや

第十議案の議決文

契約の當時保險の目的の滅失若くは到達せる事實が契約者若くは其代理人の所在地に明白に知れたるときは契約を無效とす

本議案に於て契約者若くは其代理人の所在地に保險の目的の滅失若くは到達の事實が明白に知れたる場合に契約を無效となすべきものとしたるは穩當の規定なりとす蓋契約者若くは其代理人が事實を知れるや否やは證明に困難を生ずるにより特に一般の人の了知を基礎して效力を定むるものとなしたるなり

第十一　議案

航海中戰爭の開始ありたるときは直に保險契約を消滅せしむべきや若くは船舶が其後始めて到達せる港に入港(即投錨)の時を以て消滅するものとすべきや

第十一議案の議決文

反對契約あるにあらざれば海上保險には戰爭の危險を含まざるものとす然れども戰爭の開始により航海の條件を變更したるときは保險契約は船舶が其後始めて到達する港に入港(投錨)の時を以て一切の效力を消滅するものとす

本議案に關する委員の論旨は種々に分れたり或は戰爭の開始は保險者の責任に何等の影響を與へずと謂ひ或は航海中戰爭の開始したるときは保險契約は若し戰爭の開始なしとせば生ずることなき事故の發生の時を以て消滅すべきものとなすあり然れども一般に當事者の反對契約により保險者の責任の範圍を隨意に定むることを得せしめたるを以て嚴格なる規定を定むるの必要少しとす

第十二　議案

特別の契約なきときと雖も保險者は保險の目的により他の保險せざる物に生

じたる損害に付責任を有するや或は保險の目的に生じたる損害のみに付責任を負ふや

第十二議案の議決文

特別の契約あるにあらざれば海上保險の保險者は陸上保險の保險者と同じく保險の目的に生じたる損害并に目的の保存に必要なる費用のみを塡補するの義務を有し第三者の損害を賠償するの責任なきものとす

本會議に於ける議長の説明に曰く現今の判決例の多くは當事者の契約あるに拘らず保險者は保險の目的に生じたる損害の外保險の目的により第三者が蒙りたる損害をも賠償するの責任あることを認めたり蓋本議案の要點は保險者は保險の目的により第三者が蒙りたる損害を塡補するの責任あるや否やを決するにあり M. Jacob の主張せる如く保險者は保險の目的に生じたる損害のみに付責任を負ふものなることは陸上保險の場合には疑を容れざる所なりと雖も海商法に於ては猶種々の疑問の存するあり蓋海上に於て第三者に生じたる損害の範圍を定むること其困難なるは疑を容れず但當事者

が反對契約により保險者に第三者の損害をも塡補すべきことを契約するを得るは一般立法例の一致する所なり例ば船舶の衝突より生ずる損害に付保險者の責任の範圍を常に保險證券に於て定むるの慣例あるが如き即之なり獨逸商法に於ては保險契約の中には第三者の損害の塡補は保險者の責任の中に含まざるものとせり

第十三　議案

法律に定めたる場合に於て被保險者に保險の目的を委付するの權(Droit du Delaissement)を與ふべきや如何なる場合に委付を正當と認むべきや又如何なる目的により委付を行ふべきや

第十三議案の議決文

委付の權は慣例により確認せられたるものにして保險の目的が行方不明となるか捕獲せらるゝか若くは押收せらるゝ場合に於て法律に定めたる一定の期間を經過して尙之等の事實が繼續せるときは委付をなすことを得又委付は全

損の場合にのみ行ふことを得べしと雖も四分三の損害の場合には之を行ふことを得ず

船舶が修繕を受くること能はざるときは滅失したるものと看做す

會議に於ける議決の要旨

委員 M. Jacob の委員會に於ける提出案によれば

委付の權は慣例により確認せられたるものにして船舶の行方不明なるか保險の目的の捕獲せらるるか若くは押收せられたる場合に法律に定めたる一定の期間を經過したるとき之を行ふものとす又委付は數量に付き四分三に達する損害ありたる場合若くは保險の目的の價格に付四分三に達する損失ありたる場合にも之を行ふことを得船舶が修繕を受くる能はざるときは價格の四分三の損失ありたるものと看做す破損船舶の價格と共同海損の分擔額として荷主より支拂はるる金額とを差引き船舶の費用が(破損船舶の價格と共同海損の爲に積荷「即ち荷主より船主に支拂はるる」より支拂はるる分擔額とを控除せる額を云ふ損害の發生前に於ける船舶の價格の四分三に達す

るとき亦同し玆に損害發生前の船舶の價格とは保險證劵に定めたる價格を謂ふ但反對の契約ありたるときは此限りにあらず
積荷が陸揚港に到達するを得ざるときは四分三の價格の損失ありたるものと看做す船長か海上の事故により航海の途中に於て積荷を賣却したるときも亦同し

委員M. Van Pevorph も亦四分三の損失の場合に委付を認むべきことを主張せり其論旨によれば委付は保險の目的の所有權を保險者に移轉せしめ且其目的の占有をなさしむるに最必要なるものとす若し四分三の損失を生じたる場合に委付を爲すことを得ずとせば被保險者は其目的を賣却し若くは之を處分するの時期を得さること往々生ずる所なり殊に保險の目的の全損を生ずる場合は甚だ稀れにして多くは其破損せる殘物を止むると共に其殘物も亦多少の價格を有するものとす要之從來四分三の損失の場合に委付を認めたるは實際の必要に基きたるものなりと然れども氏も亦積荷が陸揚港に到達せるときは假へ四分三以上の價格の減少を生ずると雖も委付を認めず

必ず損害の精算の方法により塡補の請求をなすべきものなることを是認せる所たり

委員 M. Droz 氏の意見によれば委付を認むるは全損の場合若くは之に類似せる場合に限らざるべからず蓋保險契約は被保險者の蒙りたる損害を塡補するものなるが故に或る特種の場合にあらざれば之が例外を認むべきものにあらざるものなりと英國に於ては全損の場合にのみ委付を認めたり米合衆國に於ても亦全損の場合幷船舶の航海不能の場合に之を認めたり

本會議に於ては四分三の損失の場合に委付を認めざることを議決せり

航海不能の問題に付 M. Droz 說明して曰く絕對的航海不能及相對的航海不能（若くは關係的航海不可とも云ふ）の區別は佛蘭西商法に於て規定する所なしと雖も學說幷判決例に於ては明かに此區別を認めたり而れども此の如き語は頗る不適當の語なりと謂はざるべからず今玆に航海不能の場合を區別せば第一、船舶が修繕をなすことを能はざる狀體にあること、第二船舶は修繕を爲すことを得べし然れども船舶の所在の港に於て修繕をなすを得ざる場合、第

三、船舶は修繕をなすことを得べし然れども船長若くは船主が修繕に要する資本を所持せざるにより修繕をなすを得ざる場合、の三となすことを得べし此區別の内第一第二は航海の不能と稱するを得れども第三は甚疑を生ずるものなり要之航海不能なる語を用ゆるは大に躊躇すべき所なり

委員M. Jacob は修繕をなすことを得ざる船舶は滅失せる船舶と同一に看做すと主張せり之に對するM.Lyon-Caenの反對説によれば修繕をなすことを得ざる船舶は即航海不能の船舶なり然れども修繕とは何等の關係を有せずして航海不能を生ずる場合あり例は相對的航海不能の場合の如き即之なり此の如き場合にも委付を認むるの必要あるを疑はずと

M. Drozの説明に曰く當事者か委付をなすべき場合及委付規定に異なりたる契約を爲すことを得る點に於ては Lyon-Caen 説の如く廣く委付を認むる説に贊同せざるを得ず然れども今茲に委付の場合に付一の制限を加へんとするは即ち英國の委員と主義を同一にせんことを勉むるにあり畢竟委付の場合を多からんとするは到底英國立法例に於て認むることを得ざる所なりとす

故に委員會に於ては絕對的航海不能と相對的航海不能とに付種々の議論ありたるなれども元來航海不能なる語は甚明亮を缺き不正確の厭あるを以て委員に於ては之を削除したる所以なり蓋航海不能を生ずるの場合幷其事實の決定に付ては一に裁判の爲す所に委ぬるを以て當を得たるものと信ず故に玆に謂はゆる修繕をなすを得ざる船舶とは船舶修繕費が其價格以上を要する場合のみならず避難港に於て工匠技師もなく修繕材料もなきが爲めに修繕をなすを得ざる場合も含むの主旨なるにより以上述ぶる條件を具備し船舶が航海の不能となりたるときは委付の原因を生じたるものと謂ふを得べし猶玆に一言すべきは委員會の議決せる議案は積荷に付き規定を缺けるものと謂はざるべからず余の考ふる所によれば船舶が陸揚港に積荷を輸送することを得ざるときは積荷か到達せられざる場合と同じく被保險者に委付の權を認むべきものとす畢竟此場合に積荷の處分をなし之が適當の方法を講ずるを勉むるは保險者の責任なりとすと

M. Encels は M. Droz の積荷の不到達による委付に付駁擊して曰く右の場合に

千八百九十二年「ゼノア」ニ於ケル萬國海法會議

於て積荷が到達せざるものと謂ふは甚だ誤りたる解釋なり若し船舶の航海不能を生じたりとせば荷受人は永久に積荷の到達を待つべきにあらず保險者をして避難港に船舶を送らしめ積換の方法を採れば直ちに陸揚港に廻送するを得べしと

會議の結果船舶の航海不能の場合には積荷を委付するを得ざるものとせり又獨逸商法に於ては修繕費か船價の四分三を超過するときは修繕不能の船舶と看做し(現行商法も亦同之)委付を認めたれども本會議に於ては價格の四分三の損害ある場合は一切委付を認めざるものとせり

千八百九十二年伊太利「ゼノア」に開會せる萬國海法會議(Congres internal du driot dmaritime) に於て議決せる事項の內重複保險に關する規定は歐洲大陸諸國の海上保險證劵に大なる影響を及ほしたるものとす先きに千八百八十五年「アントワープ」に開會せる萬國商法會議 (Congres internetional du droit Commercial) に於ても重複保險の議案に就ては英國主義と大陸主義との間に種々の議論を生したれとも遂に獨逸和蘭商法の規定に倣ひ議決を得たること前述する所の如し然れと

「ゼノア」の萬國海法會議により定めたる規定は前者と多少異なる所あるのみならす被保險者の利益を保護する點より觀察すれは甚た穩當なるものと謂ふを得へし殊に現行商法に於ける重複保險の規定を補足するに當り大に參照すへきものなるにより玆に之を譯述し幷せて其議決の理由を畧言せんとす

第一條　被保險者若くは其代理人か同一の目的の上に同一の危險に對し各々保險價格の全部を以て保險金額として數個の保險契約をなしたるときは日附の順序により先きの保險契約のみを有效とす

先きの保險契約の保險金額か保險價格に達せさるときは次の保險契約は其價格に達するまでの金額を限度として效力を有す

第二條　數個の保險契約の內直接の委任なくして第三者か他人（即被保險者となるものを謂ふ）のためになしたる保險契約と被保險利益を有し保險金支拂の請求權ある者（即被保險者）若くは其代理人のなしたる保險契約とあるときは被保險者若くは其代理人のなしたる保險契約は他の保險契約に先ち效力を有す

前項の場合に於て被保險者若くは其代理人のなしたる保險契約の保險金額か保險價格に達せざるときは其價格に達するまでの金額を限度として日附の順序により他の保險契約を有效とす

第三條　數個の保險契約の內被保險者若くは其代理人のなしたる保險契約あらずして直接の委任を有せざる第三者が他人(即被保險者となる者)のためになしたる保險契約のみなるときは日附の順序により先きの保險契約のみを有效とす若し先きの保險契約の保險金額か保險價格に達せさるときは其價格に達するまでの金額を限度として日附の順序により次の保險契約を有效とす

歐洲大陸に於ける立法例並學說の一般に認る所の如く同一目的に付重複保險を生したる時は日附の順序により各保險契約の效力を定むるとなすの主義(Syoteme de l'ordre de date)は理論上保險の性質に最能く適合せるものとすされは佛蘭西商法を始め和蘭陀、白耳義、西班牙、葡萄牙、及南亞米利加の商法は皆此日附の順序による主義を採用せり(現行商法も亦重複保險に付此主義を認むるものなること前述する所の如し)然れとも日附の順序によるの主義は同一の保険契約者か同一の目的に付重複保険をなしたる場合には嚴格に遵守せらるゝを得ると雖も現今海運業の進歩と共に一方に於ては委任なき第三者例は運送業者銀行業者か被保険者のために保険契約をなすこと盛んに行はるゝと共に他方に於ては Police d'abonnement なる特別保険證劵を採用せる者あるにより日附の順序により各保険の效力を定むるは實際上甚だ不便を感ずるのみならず被保険者の利益をも保護するを得さるものとす故に獨逸商法に於ては此等の不便を矯正せんとし同一の目的の上に異なりたる人が重複保険をなしたる場合に付特種の規定を設けたること前述する所の如し

伊太利商法及英國の慣習に於ては日附の順序による主義を採用せず各保険契約の效力を認むるものとせり

英國主義の如く重複保険に於ける各保険契約を有效となすものとせば保険者は各保険料の支拂を請求するの權あるにより保険の目的より生ずる利益は保険料支拂の爲めに殆んと滅却するに至り商業上甚だしき損害を生ずるもの

と謂はざるべからず故に「ゼノア」の會議に於ても重複保險の場合には千八百八十五年「アントワープ」の議決の如く日附の順序の規則を認むると共に更らに直接に被保險者若くは其代理人のなしたる保險契約と第三者か委任なくしてなしたる契約との間に以上の規則の如き區別を設くべきものとせり要之此規定の如くすれば商人か自己の信任せる保險者となしたる保險契約は他の保險契約のために效力を左右せらるることなく最公平を得たるものにして海運業の利益より見るも亦穩當なるものとす

千九百一年八月「グラスゴー」に開會せる國際法協會（Conference of the international law association）會議に於て議決せる海上保險規則は英米及歐洲大陸諸國に於ける立法例幷區々たる慣習を劃一ならしめんとするの計畫を成功したるのみならず從來英米主義務と大陸主義と相抵觸せる事項に關し互に相讓歩して中庸の主義を採りたる如きは最注意を要すべき點なりとす故に左に之が譯文を掲載せり

「グラスゴー」海上保險規則

第一　全損

第一條　保險證劵に於て反對の意思表示を爲したる場合の外全損に付なしたる保險は全部滅失(total loss)及準全損(Constructive total loss)を包含するものとす

第二條　保險の目的が保險に付せられたる危險により滅失し若くは損害の大なるが爲めに保險の目的の性質を失ふに至りたるときは之を全部滅失と看做す

第三條　保險の目的の所有者が保險に付せられたる危險により全く其目的を失ひ且正當に之を恢收することを得ざるに至るか若くは其恢收に要する費用が恢收により得べき目的の價格を超過するときは假へ保險の目的の現存するに拘らず之を全部滅失と看做す

第四條　保險の目的の所有者が保險に付せられたる危險により不定の期間其所有權若くは占有權幷使用權を失ふに至りたるときは之を準全損と看做す

第五條　船舶が保險に付せられたる危險により損害を蒙りたる場合に之が恢收幷修繕の費用か危險に罹りたる以前に於ける船舶價格の四分三を超過す

るときは船舶の準全損ありたるものとす

一　恢收及修繕の費用は之が評價の時に於ける事情に從ひ算定すべきものとす而して假修繕費、修繕港への回航費幷以上の費用を處辨するに付要したる費用も此中に入るものとす但修繕港に於ける船員の給料及食料は此限りにあらず

二　本條第一項の比較をなすには修繕費より新舊交換費又は修繕費に對し他の利害關係人の負擔に屬する共同海損の分擔額を控除せず但評價をなしたる以後に於て生じたる費用若くは犧牲に對し他の利害關係人の負擔に屬すべき共同海損の分擔額は之を控除するものとす

三　保險證券に於て反對の意思を表示するにあらざれば之に記載したる船舶の價格を以て危險に罹かれる以前に有したる價格と看做す

第六條　左の場合を以て積荷の準全損とす

一　積荷が保險に付せられたる危險により陸揚港に輸送するを得ざるか若くは之を輸送するとせば積荷の性質を全く變ずるにより陸揚港以外の港

に殘されたるとき

二　積荷が保險に付せられたる危險により保險價格の四分三以上の損失又は損害を蒙りたるとき

三　船舶が保險に付せられたる危險により全部滅失若くは準全損となりたるが爲め積荷が當初の運送契約により輸送せられざるか或は之を陸揚港に輸送せんとせば之が爲めに要すべき費用が陸揚港に於ける積荷の賣却代價より賣却の費用を控除せる殘額の四分三を超過する場合

前項の費用は積荷の恢收及保管に關する一切の費用幷に評價の時以前に於て積荷の負擔すべき救援救助其他の費用及共同海損の分擔額を包含せず

第七條　被保險者が左記の規定により保險者に委付の通知を發したるときは其通知を發したる日に於ける狀況により評價をなし以て保險の目的が準全損となるべきや否やを決定すべきものとす又賣却の必要なりしときは之が賣却をなしたるとき若し賣却を不必要となしたる他の事情の生じたるときは其時に於ける狀況により評價すべきものとす

第八條　被保險者は保險の目的が全部滅失若くは準全損となりたるときにあらざれば之を委付して全損による塡補の請求をなすことを得ず

第九條　保險の目的が準全損となりたるときは被保險者は正當に之が通知を爲し保險の目的に付有する權利を保險者に委付し以て保險金額の全部の塡補を請求することを得若し其通知を怠りたるときは第十條に規定する場合の外單に一部損害としてのみ塡補の請求をなすことを得

一　委付の通知は被保險者が全部滅失の報知を受けたる後遲滯なく保險者に對してなすべきものとす但其報知に付疑あるときは之が確實に通知を得るまで相當の期間を猶豫すべきものとす

二　委付の通知は特別の形式を履むを要せすと雖とも被保險者は無條件にて保險の目的を保險者に委付すべき意思を表示するを要す

第十條　被保險者が保險の目的の上に存する權利を保險者に委付するに付充分なる機會を有したる以前に保險の目的が正當に賣却せられたる場合及縱令委付の通知をなすも保險者が何等の利益を得る能はざる場合には被保險

者は委付の通知をなさずして保險金額の全部を請求することを得
再保險の被保險者は其保險者に委付の通知をなすを要せず
第十一條　委付により保險金額の全部を請求するの權及委付を拒絕するの權は保險の目的の損失を防ぎ之を救護せんが爲めに働きたる被保險者若くは保險者の勤勞により其成立を妨げらるゝことなし
第十二條　保險の目的の委付を承諾したる場合又は全部滅失若くは準全損ありたる場合に保險金額の全部を支拂ひたるときは保險者は損害の原因たる事故の發生せる時に遡り保險の目的の殘部を取得し且被保險者が保險の目的の上に有する權利義務を承繼するものとす
第十三條　前條の規定により船舶に存する權利が所有者に移轉したる後尚航海の繼續により取得したる運賃は事故の發生の前後に區分して船舶の航行せる距離に比例し被保險者と保險者との間に分割すべきものとす
運賃の一部が前拂せられたるときは被保險者は航海の繼續によりて得たる運賃の內前項の規定により分割する額と前拂運賃との差額のみを取得する

ものとす

第十四條　前條に規定せる理由により船舶の保險者に歸屬したる運賃は運賃保險の目的として損失したるものと看做す

第十五條　運賃を保險に付したる場合に積荷が保險に付せられたる危險によ
り全部滅失若くは準全損となり積荷を陸揚港に輸送せんとするも相當せる運賃を取得する能はざるときは運賃の全損ありたるものとす

個積契約の運賃又は傭船契約の運賃を保險に付したる場合に運送契約によ
る運賃の一部をも取得するを得ざるときは運賃の全損ありたるものとす

前二項の何れの場合を問はず船舶が保險に付せられたる危險の爲めに全部滅失若くは準全損となりたるにより船主が陸揚港に積荷の一部をも輸送することを得ざるか又は之を輸送せんとするには船主か運賃の額に超過せる費用を負擔すべきときは通賃の全損ありたるものとす而して此費用を評定するには船舶が航海を中止したる時以後に於て船主が負擔すべき總ての費用を包含す但運賃が航海の距離に比例して支拂はるべき場合には運賃の損

失は全損と看做さず

第二　船舶の一部損害控除

第十六條　船舶の一部損害の金額を評定するが爲め新舊交換の價格として修繕費より控除すべき額は「ヨーク、アントワープ」規則第十三條を標準とす

第三　過失不適航等の結果

第十七條　保險者は被保險者の故意より生じたる滅失又は毀損に付ては假令其直接の原因が保險に付せられたる危險によりたりとするも塡補の責任なし

第十八條　保險者は保險の目的又は保險の目的の安全を維持する物に存する固有の瑕疵、性質若くは不完全より直接に生じたる滅失又は毀損に對し塡補の責任なし

第十九條　船舶又は船舶に關係せる利益を以て一航海の保險をなしたるときは被保險者は左の事項に付保證をなすべきものとす

一　保險に付せられたる危險が碇泊港に於て始まるときは船舶を其港に碇

泊するに適當する爲め相當の注意をなしたること

二　船舶を航海せしむるに適當なる艤裝をなし之に一定の船員を乘組しめ且必要の書類を準備するに付相當の注意をなしたること及航海の途中寄港する港ある場合にも適當なる艤裝をなし一定の船員を乘組ましめ且つ必要の書類を準備するに付各寄航港に於て相當の注意をなすこと

被保險者が前項の保證の義務を履行せざるときは保險者は之が爲めに生じたる滅失又は毀損が假令保險に付せられたる危險に直接原因したるときと雖も塡補の責任なし然れとも保險契約は此保證の義務の不履行により消滅することなく且前項の場合を除き其不履行により影響を受くることなく被保險者も亦船舶の航海の適否に付保證の責任なし積荷の保險契約に於ては被保險者は船舶の航海の適否に付保證の責任なし

第四　重複保險

第二十條　被保險者が同一の目的に付同一の危險に對し二個若くは二個以上

の保険契約をなしたる場合に各保険金額の和が保険の目的の價格を超過せるときは重複保險をなしたるものとす

前項の場合に於て被保險者は各保險契約の日附の順序によらず何れの保險者に對しても損害の塡補を請求することを得但被保險者が保險價格に達したる塡補を受けたるときは超過額に付請求をなすことを得ず

第二十一條　重複保險を生じたる場合に保險者の一人若くは數人が損害を塡補したるときは他の保險契約により責任を有する保險者に對し塡補の分擔額を請求するの權利を有す而して其分擔額は左の割合により定むべきものとす

一　各保險證劵に於て保險の目的の價格を記載せざるか若くは記載せる價格が同一なるときは各保險金額に比例して定むべきものとす

二　各保險證劵に記載せる保險の目的の價格が相異なる場合には

甲　一部損害の場合には各保險證劵に記載せる保險金額の保險價格に對する割合に依り分擔額を定む

本件に關し大審院は保險金を以て保險の目的物に代位(Subrogation)するものなりとの主義を認めたり

乙　全部滅失の場合には或る保險者が保險證劵に依り支拂ひたる塡補額を他の保險者が各自の保險證劵に記載せる保險金額に比例して各自の分擔額を定む

第二十二條　被保險者は重複保險を生じたる場合に保險に付せられたる危險が始まりたるときは保險料の返還を請求することを得ず

第九章　海上保險に關する判決例

第一　損害賠償請求の件　明治三十二年六月三十日大審院第二民事部判決

判決要旨

一　船舶を保險に付したる場合に於て其保險金は乘客若くは荷主に對する損害の賠償に充てしむべきものとす

第一審　函館地方裁判所　第二審　函館控訴院

上告人　清水林藏　訴訟代理人　磯部四郎

被上告人　廣瀬源治　訴訟代理人　岸清一

右當事者間の損害賠償の訴訟事件に付函館控訴院が明治三十一年十月十二日言渡したる判決に對し上告代理人より全部破毀を求むる申立を爲し被上告代理人は上告棄却の申立を爲したり

判決

原判決を破毀し更に辯論及裁判を爲さしむる爲め本件を函館控訴院に差戻す

理由

上告論旨第三點は原判決中に本件出來事は商法施行前にあるを以て同法第八百五十八條に船舶債權者の權利は被保險者に移るとある規定を適用する能はざるに付北海道丸難破の爲め控訴人が得たる被保險金を以て被控訴人の損害を負擔せしむべきものにあらずと論斷せり

此判決は民事訴訟法第四百三十五條初段の規定に該當する違法あるものとす第二點に於て荷損船損の慣習を本件事實に適用したるは違法なることを論述せりと雖も假りに此論點は全然理由なきものとするも之れ船舶の全部滅失したる場合に恰當するものにして若し船舶の全部或は一部にして殘存するもの

とせば原判決の說明する如く其部分に對し相當の請求を爲し得べきは勿論なり而して其所謂殘存せるものとは船舶か船舶として現存することを要するものにあらず其船舶の賣代金或は保險金等船舶に代はるべき性質を有するものは皆之を船舶の殘存するものと見るに於て妨げなし而して被上告人が北海道丸の爲め保險金として金二萬圓を受取りたる事は被上告人の爭はざる事實にして原院も之を認むるに拘らず被保險金を以て上告人の損害を負擔せしめ得べきものにあらずと判決したるは何ぞや抑も荷損船損なる慣習は所謂海產主義にして船主の責任を海產以外に及ぼさしめざるの趣旨に外ならず而して船舶の被保險金は船舶の滅失と共に船舶の補償として船主の所得に歸したるものにして卽海產上の所得なるを以て船主の海產を成すものなり然らば被控訴人(上告人)の損害は彼保險金を以て負擔すべきは當然にして現行商法の第八百五十八條の當時實施せられたると否とを問はず荷損船損なる慣習によりても此法則は適用せられざるべからず然るに之を適用せざるは民事訴訟法第四百三十五條初段の規定に該當する違法あるものなりと謂ふにあり

案ずるに本件の如き事故により船舶の沈沒したる場合にありては古來荷損船損と唱ふる慣習ありて此慣習によりしことは當院に於ても判例として認むる所なれども其船舶の爲め船主が得る所のものあれば之を以て乘客若くは荷主等に對する損害賠償に充てしむることも亦判例として認むる所なり然らば本件に於ける保險契約の如きは船主一個と保險會社との單純なる法律關係に出づるか將た船舶に隨伴したるものなるか其性質を究めざるべからず元來我國に於ては自己に利害の關係を有する目的物なくして第三者の有する物件に付保險契約をなすが如きは之を適法として認めざる所にして必ずや自己に利害の關係ある目的物に付てのみ保險に付することを要す隨て其保險に付したる目的物を讓渡する時は同時に其保險契約により生ずる權利も讓渡したるものと推定すべき法律をも制定せられし程なり殊に海上保險の如きは船舶若くは積荷が不慮の事變に遭遇するの虞あるを以て之を補償として保險に付するを一般とす夫れ既に如此保險契約の性質其目的物に隨件すべきものなれば事件の保險契約に於けるも船舶に關せず被上告人と保險會社との間のみの單純な

本件に關しても大審院は保險金を以て保險の目的物に代位するものなりとの主義を認めたり即前判例と同じ

る法律關係と看做すことを得ざる筋合にして其被保險金あれば上告人の損害賠償に充當せしめざるを得ざるものとす然るに原判決は商法施行以前にあるの故を以て船舶債權者の權利は被保險金額に及ぼさしむること能はずして上告人の請求を排斥したるは違法たるを発れず即上告其理由あり既に此點に於て原判決の全部を破毀すべきものと決するにより他の上告論旨に對しては説明を要せざるものとす右説明の如く本件上告は其理由あるを以て民事訴訟法第四百四十七條第一項の規定により原判決の全部を破毀し同法第四百四十八條第一項の規定により事件を原院に差戻すを相當とす是主文の如く判決をなす所以なり

第二、損害要償の件　明治三十四年五月七日大審院聯合民事部判決

判決要旨

一　船舶沈沒の場合に於て船舶所有者の責任は船舶のみならず其保險金に及ぶべきことは舊商法施行前に於ても是認したる法理なり

第一審　大阪地方裁判所　第二審　大阪控訴院

上告人　廣海二三郎
訴訟代理人　長島鷲太郎
　　　　　　高木豐三

被上告人　長崎委託株式會社
右法定代理人　古賀祐一

被上告人　島谷德三郎
訴訟代理人　大鐘彥市
　　　　　　高窪喜八

外一名

右當事者間の損害要償事件に付大阪控訴院が明治三十三年六月四日言渡したる判決に對し上告人より全部破毀を求むる申立を爲し被上告人は上告棄却の申立を爲したり

判　決

本件上告は之を棄却す

上告に係る訴訟費用は上告人之を負擔す可し

理　由

上告論旨第一點の要旨は本件は商法施行以前の出來事に屬す當時海商に關する法則の明定せらるゝなきを以て船舶所有者責任の程度の如き一に文明先進國に行はるゝ法則を採用したるや明なり本件請求の原因に關し船舶及運送賃限り責任を負擔すべしと裁判したるもの實に其一例證たり而して本件唯一の爭點たる保險金負擔論の如きは畢竟船舶なる文字の解釋に屬すべしと雖も船舶の語たる讀んで字の如ければ船舶所有者の責任の保險金に及ぶや否やは一般海商法の原則に照して判斷するの他途なきなり然るに文明先進國の法則は却て原院の說示に反對するものあるを見る即(第一)獨逸帝國商法第四百五十二條は船舶所有者は第三者の債權に對し無限の責任を有せずして單に船舶及運送賃限り義務を負擔することを規定す而して此法條の解釋としては船舶所有者の責任をして保險金にまで及ぼすべからず何んとなれば船舶沈沒の場合に於て保險金を以て船舶に代へ船舶債權者に對する義務を負擔する動議は屢々委員會に提出せられたるも終に其採用する所とならざりし(マコーウエル獨逸商法の注釋第五一九頁參照)而して獨逸商法に則りたる我舊商法第八百五十八

條は明文を以て船舶債權者の權利の被保險額に及ぶべきを規定す畢竟此規定たる獨逸商法起草委員會の否定したる動議を「ロースレル」氏が雞肋棄つべからずとして我國に採用したるものなることは「ロースレル」氏商法草案に掲げる理由中に明かなり之を以て見れば被保險額の責任負擔は法律の明定を要し普通の法理として論ずべきものにあらず(第二)我新商法第五百四十四條は船舶所有者は船長が其法定の權限内に於て爲したる行爲又は船長其他の船舶が其職務を行ふに當り他人に加へたる損害に付ては航海の終りに於て船舶運送賃及船舶所有者が其船舶に付有する損害賠償又は報酬の請求權を債權者に委付して其責を免るゝことを得と規定す此條文の應用として船舶所有者の責任をして被保險額に及ぼすべきや否やを論及するには不幸我新商法に關しては委員會の經過を報告するものなきを以て之を起草委員に質すの止むを得ざるなり今上告人に於て該會の模樣を承聞するに當時保險金云々の文字を挿入せんとの動議ありたれども遂に否決せられたりと而して又損害賠償の如きは其原因過失に基く場合を稱し保險金にありては殊更に損害の塡補の文字を用ゐて過失に

基く損害賠償と區別したれば損害賠償の文字中保險金の包含せられざるは固より論なしとは親しく起草委員より聞く所なり之を以て見れば何等明文なき現行商法にありて船舶所有者の責任が保險金に及ぶべからざるは敢て論ずるまでもなし抑々本件爭點に關する判斷の如き新商法を解釋するの試金石たるべきものなれば已に新商法に所謂船舶なる文字にして保險金を包含せずとせば保險金負擔論は須らく明文を待つべく所謂至當の條理として之を論ずべきにあらず要之原院が被保險金は其目的物と同視すべきものとす云々被控訴人は之れに對し其權利を行ひ得べきは當然にして法規を待つて後知るべきにあらずと說示せられたるは法則を不當に適用したるの不法ありと謂ひ」其第二點の要旨は船舶所有者の責任が海産に止まり其他に及ぶべからずとの說所謂責任限定主義と船舶所有者は其全財産を以て責任を負擔すべきものなれども其海産を委付して責任を免るゝことを得るとの說所謂委付主義とは共に海商法の大原則たり獨逸商法及我舊商法は責任限定主義を採るものにして現行商法は委付主義を採るものなり然れども其何れに因るも船帕所有者の責任が海産

に止まるべきや論なし今夫委付主義により船舶所有者が委付せんとする船舶現在の價二萬圓にして此船舶沈沒以前に於ける被保險額十萬圓なりとせん然るに船舶所有者の責任が船舶の委付に止まらずして保險額に及ぶとせば所謂委付主義なるもの遂に破壞せらるゝに至るべし現行商法の解釋豈如此くあるべけんや委付主義にして然り責任限定主義も亦同一なるべきなり又況んや商法制定以前に於て專ら至當の法理に基き裁判せる時代に於ておや要するに原院が船舶所有者の責任をして被保險額に及ぶべしと說示したるもの實に法則を不當に適用したるの不法ありと云ひ其第三點は保險は損害の塡補にして損害の賠償にあらず即ち特別の注意により他日の損害を塡補せんとするもの是なり若し夫れ船舶所有者にして必ず船舶を保險に付せざるべからざるの責任を有するものとせば或は沈沒せる船舶に代へ被保險額を以て船舶所有者の責任を果さしむる必しも之を不當と論斷するを得ずと雖も抑も船舶を保險に付する所以のものは實に船舶所有者が自己の損失を免れんが爲めに特別の注意を施すに外ならず然るに猶海產委付に止まらず船舶所有者の責任をして其特

別の注意と特別の報酬とにより得たる利益にまで及ぶべしとせば船舶所有者をして船舶を保險に付したるの理由全く滅却せらるゝに至らん要之原院の判決たる法則を不當に適用したるの不法ありと云ひ」其第四點は本件斷案の基礎たるべき論點即ち船主の責任は其全財産に及ぶや將た汽船奈良丸限りこれを負擔すべきものなるやの問題は原判決理由の第三項に於て「控訴人は被控訴人の損害に對し汽船奈良丸限り責任を負ふべきは中間判決によりて確定する所なりとの判文に依て解釋せられたり而して此判定は現行商法採る所の大主義即第五百四十四條の規定に適合せるものにして毫も間然すべき所なし然れども其本件主要の爭點に對し船舶の保險金を以て之を船舶と同一視し從て其保險金を以て本訴の請求に應ずべきものなりと判決したるに至ては全く法理法則を度外視したる違法の判決と謂はざるべからず原判決は曰く保險契約は常に被保險物に伴隨し被保險金は其目的物と同視すべき性質のものとす」と抑も海上保險契約に關し法律に所謂航海に關する事故は保險目的物の滅失又は毀損に繫り又保險金額が其目的物の被害價格を標準と爲すべきことは論を待た

ざる所なり然れども此等の關係あるが爲めに保險契約當事者以外の第三者に對して保險金を以て保險の目的物と同視すべきものなりと云ふに至つては抑も何等の法理に基くものなるやを知ること能はず蓋此論斷の根據たるべき法理法則の在て存せざることは單に「其目的物と同視すべき性質のもの」と云ふのみに止まるを以て推知すべきなり思ふに原裁判所は或判例の如く保險金を以て之を賣買の場合に於ける代價金と同視したるものならん果して然らば是此誤謬を來したる根原にして而して其不當なること寔に視易き所なり何則賣買の代價は其目的物の對價なり故に賣買當事者若くは先取特權者に對しては其對價を以て目的物と同視すべき法理ありと雖も本件の如き保險契約の場合にありては全く之と異なり保險者は保險料を收得するを以て目的とし被保險者は危險の擔保を得るを以て目的とす故に保險金なるものは保險の目的物たる船舶の對價にあらずして保險料の對價なり尚詳言すれば保險契約は危險の擔保と保險料支拂との雙務契約にして唯其保險金支拂義務の發生の條件が航海に關する事故に繫り而して事故が船舶の滅失又は毀損により生じ塡補すべき

損害の契約金額が其船舶の價格を以て其標準と爲すものなるのみ原裁判所は其法理を解せず又上告人が不慮の損害の塡補を得たるは法律に定めたる特別の注意即保險料を支拂ひたる保險契約の結果なること又被上告人が損害塡補の途なきに至りたるは畢竟法律の定めたる注意の方法を採らず即保險料を惜みて貨物の保險契約を爲さゞりし結果なることを推究せず非理の觀察を以て漫然判決したりたるものなることは判文末段に於て「右遭難貨物の總元價を以て前揭被保險金に對比するときは總元價を償ふて尙ほ餘りあり是以て被控訴人の請求を相當と認め云々」との說明に依て明かなり是猶ほ貧者の請求は不當と雖も富者は之を辨償せざるべからずと云ふと一般にして法治國裁判所の判決の理由たるへきものにあらずして實に甚だしき不法の判決と謂はさるべからす以上論述せる如く原判決は其理由中現行の法則は固より何等の法理をも說示せず是れ其明示すべき法則なきが故なることは明かなる所なりと雖も玆に原判決と大抵其趣旨を同うせる大審院の判決例あり即明治三十一年第四百三十四同三十二年六月三十日判決是なり此判決に於て採用せられたる上告論

旨を見るに第一、船舶の保險金を以て船舶の賣代金と同視し第二、我國古來の習慣は所謂荷損船損に在ること即今日に所謂海產主義なることを認めながら船舶の保險金を以て所謂海產中に包含せしめたるものにして不當の上告たるにも拘らず大審院は此論旨を是認して破毀の理由とせられたり其判決の趣旨を見るに先づ荷損船損は我國古來の慣習なることを認めたると同時に其船舶の爲め船主が得る所のものあれば之を以て乘客若くは荷主に對する損害に充てしむることも亦別例として認むる所なりと說明し次に船舶の保險は船舶に隨伴することゝ自己の利害の關係ある目的に付てのみ保險を付するを要することゝ及讓渡の場合のことを說示し殊に海上保險の如きは船舶若くは積荷が不慮の事變に遭遇するの虞あるを以て之を補償せんとして保險に付するを一般とすと論定したり今此前提とも謂ふへき論定を讀みて文字の如く解するに於ては至然正當の法理を說明したるものと見ることを得べし即所謂「船舶の爲め船主の得る所のもの」とは各國普通の法理として認むる所の如く殊に我現行商法第五百四十四條の示す所の如く運送賃及損害賠償(特別の契約に基く保險金を包まず)又は報酬の請求權と解し船舶の保險と積荷の保險とは各別個のものにして船舶の保險は積荷の保險にあらず積荷の保險は船舶の保險にあらざることを知了したるものとして解するときは毫も間然する所なし然るに「若し夫れ」以下此法則を適用するに當り保險契約の性質其目的に随伴すへきものなるが故に保險契約者當事者のみに單純なる法律關係と看做すを得ざる筋合にして其被保險金あれば上告人の損害賠償に充當せしめざるを得ざるものとすと斷定し去りたるに至ては之を不當と謂はざるを得ず何則保險金支拂の義務が船舶の沈沒若くは毀損の事故に繋がるが故に船體に付する保險は當事者間のみの法律關係と見ることを得すとの理由を以て船體保險が積荷保險と性質を變じ其保險金は全く保險契約に關係なき荷主の損害賠償に充當すべきものなりとの理論を發見すること能はざればなり此判決は其當時に於て假りに正當なる理由ありしものとするも最早新商法の主義解釋共に定論あり此定論を信憑して各其の業に安んずる今日に至ては斯の如き判例を維持せらるべきにあらず若し又此判例にして永く維持せらるゝことあらんか漸く將に發達せんとする所

の航海業をして全く其進路を杜絶するに至るべきのみならず現今の營業者も亦其業を廢せざるを得ざるものあらん今其理由の一二を例示すれば第一、航海業なるものは大資本を要する營業にて又最も危險多き營業なり保險の契約は此危險を擔保して資本の損失を防かんが爲めにするものなり然るに若し之を保險に付するも保險金は之を積荷の損失に充當すべきものとすれば此危險を擔保するの途なく從て大資本を下ろして危險の營業をなすものなきに至るべし第二、現行商法に所謂海上保險契約なるものは當事者の同一なる場合に於ては船舶の保險契約と積荷の保險契約を併せて同時に之を行ふことを得べしと雖も苟も其當事者の異なる場合に於ては船舶の保險と積荷の保險とは彼此全く各別個のものたることは第六百五十六條以下の各條の規定に依て明かなる所ろなり然るに若し前判例を維持し原判決を維持せらるゝことゝなるに於ては船主は常に其搭載すべき貨物の價格を見込みて之を保險に付せざるべからず而して若し假りに之を豫定して契約するものとするも船舶積荷の見込價格は商法第三百八十六條の規定によりて無效となるべし若し又船舶の保險を以て積荷の賠償に充當せらるべきものとすれば荷主は自ら保險料を支拂ひて貨物の保險を爲すの必要なし從て又船主に於て船舶の損害塡補を得んと欲せば必ずや常に自ら積荷に對する保險をも契約せざるべからず從つて其運賃中には保險料をも包含せしめざるべからず然るときは通常多くの場合に於て保險を必要とせざる荷主も亦却て非常の損害を受くるに至るべし第三、船舶の保險にして積荷の損害を負擔するものとすれば船主は其船舶を抵當として金融をなすの途を杜絶せらるゝに至る等の弊害あり以上は當事者の堪ふべからざる結果の一端に過ぎずと雖も既に之れのみにして航海業の發達に大障害を來すべきを以て上告人は本件金額の僅少なるにも拘らず第一審、第二審共に敗訴の判決を受けたるにも拘らず反對の判例あるにも拘らず全國同業者の爲め否本邦航海業の發達を希望するが爲めに敢て上告に及ぶものなりと云ふにあり

按ずるに本件は明治三十年十二月中即舊商法施行前に生じたる事項に係るを以て直に舊商法又は現行商法の規定を適用して斷案すべきものにあらず又古來所謂荷損船損と稱する慣習ありと雖も船舶所有者が其沈沒したる船舶の保

險金を取得したる場合は其責任は果して保險金に及ぶべきか否やの點に付ては何等の慣習あることを見ざるにより本件は慣習により之を斷案するに由なし而して歐米諸國の法律を案ずるに本件の如き場合に於ける船舶所有者の責任は或は其船舶の保險金に及ぶとなし或はこれに及ばずとなし彼此一定せざるを以て其一を採り直ちに海商法上普通の原則なりと云ふことを得ざるは勿論なれども其何れが果して最も條理に適する法則なるや否やを審案して其最も條理に適するものを以て本件斷案の準繩と爲さゞるべからず而して其孰れが最も條理に適するや否やは保險金は其保險の目的物たる船舶と同視すべきものなるや否やの問題の解決によりて定まるものなり而して之を解決するには座上の空理のみに依らずして其當時に於ける本邦海商取引の實狀及海商事取引者一般普通の意思如何を討尋し之を參酌することを要するは固より論を待たず然り而して一片の理論より立論せば保險の目的物たる船舶と其保險金とは同視すべきものにあらずと爲すことを得ざるにあらざるも明治二十三年三月二十七日を以て公布せられ同三十一年七月一日より現行商法施行の日ま

で實施せられたる商法は保險金は保險の目的物に代はるべきものにして彼れと此れと同視すべきものなりとの主義を採りたることは其第六百四十條及第八百五十八條第一項の規定に徵しても之を知るに難からず而して舊商法が此主義を採用したるは敢て立法上特別の必要より出たるにあらずして保險金の請求權は目的物に隨伴して存在する債權にして單獨に存在すること能はず之を換言すれば目的物の上に權利を有するものにして始めて保險金の請求權を有すとの理由に基きたるに外ならず乃ち本院明治三十一年第四三四號事件の判例は實に此法理を是認したるものとす如之商法施行以前に於ても法令若くは慣習の標準すべきものなき事項に付ては裁判所に於て舊商法の規定中是認すべき法理は採りて以て裁判の標準に資したるのみならず商取引をなす者も亦た同一の趨向ありしことは顯著なる事實なり然れば即本件の事項發生當時に於ては船舶所有者の責任は保險金に及ぶものとなすを以て尤も條理に適するものと爲さゞるを得ず然るに上告論旨第一點は法律の規定を俟つにあらざれば保險金と保險の目的物と同視すべきものにあらずと云ふに歸着すれども

其理由なきことは前陳の如し其第二點は保險金と保險の目的物とを同視し船舶所有者の責任をして保險金に及ぼさしむるときは所謂荷損船損の限定主義は全く破壞せらるゝに至ると云ふに歸着すれども此限定主義と同視主義とは條理上氷炭相容れざるに非れば決して上告論旨の如き結果を來すの患なし何んとなれば保險金を以て保險の目的物たる船舶と同視するが故に船舶所有者の責任を保險金に及ぼすは船舶に及ぼすに外ならざればなり其第三點は船舶所有者が其船舶を保險に付するは自己の損失を免れんが爲めに特別の注意を施すに外ならざるに其責任を保險金に及ぼすときは船舶所有者が船舶を保險に付するの理由全く滅失すと云ふに歸するも船長其他の船員等に過失の責むべきものなくして船舶が滅失若くは毀損したる場合に於ては船舶所有者は保險金を自己の利益に取得することを得へきを以て保險に付するの理由は全く滅却すと謂ふべからず其第四點前段の保險金性質論は一片の純理論としては強ち不當なるにあらざるも是我國の海商の實狀を顧みざる議論にして裁判所が應用すべき海商の法理としては未だ之を採用するを得ず又其後段の論旨は

新商法の主義及解決に付已に定論あることゝ本院従前の判決例を將來永く維持することを前提として立論せるものなれども本件は前陳の如く舊商法施行前の法理により判案すべきものにして新商法の主義解釋とは何等の關係なし從つて從前の判決例を以て直ちに新商法の判決例と爲すべきものに非ざれば此論旨は全く其根據なし

本院は裁判所構成法第四十九條の規定に從ひ民事第一及第二節を聯合して裁判所を組織し本件上告を審理したるも前段說明の如く本院從前の判決と相反する判決をなすべき理由を認めざるにより民事訴訟法第四百五十二條に從ひ主文の如く判決す

第三　保險金請求の件　明治三十八年四月二十五日大審院第一民事部判決

判決要旨

一　保險者が保險契約締結當時の船長に信用を置き該契約の效力を其變更に繫らしめ保險者の承諾なくして船長を變更したるときは損害塡補の責に任せざるべき旨を契約するが如きは毫も公益に反する所なければ法律上之を

無效となすべきものにあらず(判旨第二點)

一 商法第六百六十四條は單に普通の場合を規定したるものにして保險者が保險契約の效力を船長の更替に繫らしむることを禁止せるものにあらず(同上)

第一審 大阪地方裁判所　第二審 大阪控訴院

上告人 村上吉十郎　訴訟代理人 廣岡宇一郎

外二名

被上告人 東京海上保險株式會社

右法定代理人 末延道成　訴訟代理人 菅沼豐次郎

右當事者間の保險金請求事件に付大阪控訴院が明治三十七年九月二十八日言渡したる判決に對し上告人より全部破毀を求むる申立を爲し被上告人は上告棄却の申立をなしたり

判決

本件上告は之を棄却す

上告に係る訴訟費用は上告人之を負擔すべし

理由

上告論旨の第一は原裁判は重要なる爭點を判斷せざる不法あり上告人は第一審以來本件の爭點たる甲第五號證第二條第五號に對し三個の主張を提出したり第一該號は保險證劵に於ける普通の例文にして何等の拘束力なき空文なり第二該條は公益に反する無效の約欵なり第三、該號は之を海上保險一般の性質に隨ひ之を商法第四〇四條同第六六四條に照し船舶所有者若くは船長の更替に原因して被保險事故發生し而も其更替は被上告會社の承認を得ざるとき被上告會社は其損害塡補の責に任せずとの意義なり(第一審判決理由末段)然るに原判決は前記第一第二の上告人主張に對し之を排斥するの理由を説明するに拘らず第三の主張に對し何等の説明を與へずして漫然「小橋助八が井上方勝に代り右船舶所有者となるに付被控訴會社の承諾なきこと及宇都宮丸罹災當時の船長は曾て被控訴會社が承諾を與へしものとは其人を異にし被控訴會社の承諾なきものなることは共に控訴人の爭はざる所なれば被控訴會社は最早右

船舶の損害に付ては之を塡補するの責務なく云々」と判斷せしは裁判に理由を付せざるものなりと云ふにあり

依て按ずるに本論旨所陳の如く上告人が原審に於て甲第五號證第二條第五號の適用に付三個の抗辯を提出したること幷に其第三抗辯は甲第五號第二條第五號は船舶所有者若くは船長の更替に原因して被保險事故發生し且其更替は被上告會社の承認を經ざりしときに始めて被上告會社は損害塡補の責に任せざるの意義なりと謂ふにありしことは原審口頭辯論調書控訴狀幷に第一審判決書に徵し推知し得らるゝも同項の適用に關する被上告人の主張は同項は上告人主張の場合に限らず被上告人の承諾なくして船主又は船長に更替ありたるときは被保險事故が其更替に原因せずして發生したるときと雖も被上告人は損害塡補の責に任せざるものなりと云ふにありしことは亦記錄上明瞭なりとす而して原院は被上告人の主張を容れ同項は被保險事故の發生が船長又は船舶所有者の更替に原因せざるときと雖も其更替にして被上告人の承認を經ざりし以上は被上告人は損害塡補の責に任せざる趣旨なりと判定したるもの

なること、其判文全體により會得せらるゝを以て原判決は本論旨所論の如き不法のものにあらず

上告論旨の第二は原裁判所は前記上告人の第二主張に對し「右條項たる何等公益の規定に違背するものにあらざれば其有效なること多辯を俟たず」と説明して之を排斥せしは法則を不當に適用したる不法なるものとす按ずるに商法第六六四條に於て船長の變更は保險契約の效力に影響を及ぼさずと規定する所以のものは保險契約が船體に重きを置きて船長に重きを置かざる理由の外國家が一定の機關と一定の方法とを以て特別の權能を有する者に對し船長の資格を與へたるにも拘らず其變更により保險契約の效力を減却するが如きは國家の威信を害し保險の發達を阻むの理由あるを以てなり故に被上告人の主張するが如く船長の更替に付保險會社に承認權を留保し其承諾せざる船長の指揮の下に在る船舶の損害は其原因の如何に拘らす之を塡補せずとなすは公益に反するものなり船舶所有者の更替に付ても亦然り國家が海上航通に重きを措き諸種の法律を制定し航海を奬勵し船舶の取締及檢査等を勵行するに當り

判旨第二點

船舶の賣買讓渡に關し保險會社の承認權を認容するは航運の發達を害するものなり然れば現行商法第四〇四條第一項は舊商法第六四〇條に一大修正を加へ其第二項に於て特に保險の目的の讓渡が危險を變更又は增加したるとき始めて保險契約は其效力を失ふと規定せざるにあらずやと云ふにあり

依て按ずるに船長の職務は法定の試驗を經て船舶の運轉航行に適當の技能を有するものと認められ官廳より海技免狀を與へられたる者に非ざれば之を執行し得ざるものなるを以て船長の更替は保險契約の效力に影響を有せるものと推定すべきを普通の條理とす然れども均しく海技免狀を受け船長たる資格を有するものと雖も其間に於て技能の熟達と注意の厚薄等に多少の差異あるば亦事實上免れざる所なれば保險者が保險契約締結の當時の船長に信用を置き該契約の效力を其變更に繫らしめ保險者の承諾なくして船長を變更したるときは損害塡補の責に任ぜざる旨を要約するは至當にして公益に反する所あらざれば法律上之を無效となすの理由毫も存するなし故に商法第六六四條は單に普通の場合を規定したるものにして保險者が保險契約の效力を船長の變

更に繋らしむることを禁止したるものにあらずと解すべきを至當とす(但航行中途に於て船長死亡したる爲め他人代はりて船長の職務を執りたる如き場合は此限りにあらず)夫の商法第四〇四條が舊商法第六四〇條と規定を同うせざるは如上の特約を禁ずるの趣旨に出でたるものにあらざれば其規定を同うせざるの故を以て直に現行商法に於ては該特約を禁止したるものと斷定するを得ず左れば原院が本訴保險契約締結者間には被上告人の承諾なくして船長若くは船舶所有者に變更ありたるときは被上告人は損害塡補の責に任せざる旨の特約存在せしものと判定し上告人に敗訴を言渡したるは毫も法則に違背する所あらざれば本論旨も亦商法の上告理由たらず

以上の理由により本以告は民事訴訟法第四百五十二條に基き之を棄却すべきものとす

海上保險法 終

明治四十一年六月十日印刷
明治四十一年六月十三日發行

定價金四拾錢

著作權所有

著者　秋野沆
東京市日本橋區本町三丁目八番地
發行者　大橋新太郎
東京市小石川區久堅町百〇八番地
印刷者　市川七作
東京市小石川區久堅町百〇八番地
印刷所　博文館印刷所

海上保險法（並）附與製

發兌元
東京市日本橋區本町三丁目
博文館

帝國百科全書

每編諸大家執筆
全部二百冊ニテ完結

総目録并ニ
分類目次

總目錄

定價

特製
●一册金五拾五錢●十册金五圓●二十五册金拾貳圓●百册金四拾五圓●全部二百册金八拾八圓
郵稅一册ニ付金拾錢

並製
●一册金四拾錢●十册金參圓七拾錢●二十五册金八圓八拾錢●五十册金拾七圓●百册金參拾參圓●全部二百册金六拾五圓
郵稅一册ニ付金八錢

一一七 日本儒學史
一一八 日本佛教史
一一九 園藝各論
一二〇 食物論
一二一 兒童心理學
一二二・一二三 世界美術史 上・下
一二四 經濟政策概論
一二五 政治學史
一二六 獸醫學汎論
一二七 應用定量分析
一二八 宗教進化論
一二九 朝鮮史
一三〇 佛教哲學汎論
一三一 社會倫理學
一三二 進化論
一三三 鑛物學

一三四 韓國新地理
一三五 清國商業地理
一三六 西洋音樂史
一三七 近世美術史
一三八 日本文學史
一三九 普通人類學
一四〇 高等天文學
一四一・一四二 普通物理學 上・下
一四三 處世哲學
一四四 國家學
一四五 政治學
一四六 近世心理學
一四七 最新教育學
一四八 日本口語文典
一四九 佛教倫理學
一五〇 視話音字發音學

一五一 佛教美術
一五二 印度文明史
一五三 動物發生學
一五四 文學概論
一五五 藝術論
一五六 新撰西洋哲學史
一五七・一五八 言語學 上・下
一五九 世界文學史
一六〇 英國文學史
一六一 比較宗教學
一六二 日本文章史
一六三 北米合衆國史
一六四 經濟學史
一六五 外國貿易原論
一六六 世界產業制度論
一六七 最新電氣學

一六八 教育原理
一六九 認識論
一七〇 美術概論
一七一 儒教哲學概論
一七二 近世儒學史
一七三 獨逸法
一七四 英米法
一七五・一七六 純正哲學 上・下
一七七 現代支那語學
一七八 法制經濟概論
一七九 近世幾何學
一八〇 文藝論
一八一 海上保險法
一八二
一八三
一八四

一八五
一八六
一八七
一八八
一八九
一九〇
一九一
一九二
一九三
一九四
一九五
一九六
一九七
一九八
一九九
二〇〇

二百編ニテ完結

帝國百科全書中 商業及經濟書類

商業經濟學　法學士 清水泰吉君著

經濟學を實際に應用すべきは商業に如くものなく經濟學中趣味實益ともに多きものは商業經濟と爲す抑も人間に賣買取引の行はれて以來、通貨を受授し紙幣若くは手形を利用し、銀行に因りて金融を疏通し、海陸の運輸に因りて遠方に交通し有無相通じ、過不足相補ひ、小は一國地方より、大は全地球上を通じて、通商貿易をなし、爲替によりて、取引を決し保險によりて、災害の損失を補償する等、凡そ人間の幸福を進め、國運の進化と世界の和親とを助くる者、皆、商業經濟の作用に基く這般の原理は具さに本書中に盡せり。

商法汎論　法學士 添田壽一君著

苟も商業に從事する者は、詳かに商法の規定を知らざる可らず、然れども一千條に近き法典の全部を通讀すること已に容易にあらず、况んや之を研究するに於てをや然れども全法典を一貫する大體の法理と、立法の趣旨とを知らば、繙讀の勞少くして理解の便多し、本書は著者が新商法に就て、其大體の法理と、立法の趣旨とを基礎として、最も簡易明瞭に論述したるものなり、各人先づ之を一見せば、其條文を逐ふの勞なく、商法の精神に通曉するを得べきなり。

銀行新論 附外國爲替　法學士 野口弘毅君著

銀行は經濟界重要の機關にして一日も之を缺くべからず、然れども其由來性質組織作用及營業の方法を知悉せざれば之を利用して便益を受くる事能はざるべし而かも從來之れに關する良書なきは吾人の夙に遺憾とする所にして著者の此著ありしは此缺を補はむが爲なり書中收むる所先づ銀行の定義を下し次に其作用、種類及組織等を編し最後に紙幣發行並に銀行等を詳論し考證豐富議論正確毫も難解の處なく凡そ銀行に關して知らんと欲する事項は細大漏す處なし。

保險通論　理學士　奥村英夫君著

本書第一編に於ては保險歷史の概要を掲げて保險活動の綱領を示し第二編に於ては保險の普通本體を說述して保險活動に普通必須なる原素を說明し第三編に於て保險技術論を說述して本業の隆盛は技術の進步に在る所以を述べ尙卷末に於ては保險行爲の中には諸般の關係を定むる慣習法發生するを以て國家制定の法令と相待て其活動を規定せり著者久しく海外に在て硏究し玆に明快なる解決を下せり讀者須らく本書に依り各種保險の概要を知るべし。

金融論　法學士佐々木雄二郎君著

金融の事たる一國の財政經濟上に至大の關係を有するにも拘らず從來之を論する著者の絕無なりしは本邦經濟界の一大缺陷と謂ふべきなり本書は五編より成り初めには金融の意義其緊緩の理法及其原因に就て詳說し次に之に附隨せる各種の現象を說明し次に金融機關論に於ては資金の需給金融の圓滑を期すべき手段を詳說し終に明治三十年以後本邦に於ける金融の概況を敍述せり全編を通じて逐一我邦の實況に論及し其缺點を指摘して之が救濟方法を示したるは本書の特點とす經濟界の當局者は素より我國の實業家は之を精讀せよ。

運送法　法學士　菅原大太郎君編

凡そ文明の進步は交通機關の完備に伴ふ交通機關完備して交通愈頻繁となれば、交通に關する諸種の錯綜せる權利義務を生ず、運送法なるものは實に此關係を規定せるなり、今日交通機關の最完備したる國は英國なり隨て英國の運送は最精細周到を極む、今や我國も交通の途大に開け之に關する法律上の問題續て惹起するの機運となれり。著者玆に見るあり專ら英國に於ける運送法の原則を論述し加ふるに本邦の運送に關する法律規則を對照して斯道硏究に資せしめんとす此れ本著ある所以なり。

船舶論　法學士　赤松梅吉君著

列國環視の中に泰然屹立して列强たるの位置を保持せんと欲せば宜しく商業に多きを俟ざるべからず然らば商業の機關たる海運の消長は國家の盛衰に關係すること明なり是れ近時列國が船舶を增加して海運事業の擴張を勗むる所以なりとす玆に於て著者感ずる所あり海運業に志ある人の爲に船舶の構造を略述し海運事業の沿革を說き船舶運用に關する法律上の條理及手續を說明したるものなり。

稅關及倉庫論　法學士　岸崎昌君著

本邦稅關及倉庫に關するの著書稀なり、本書は即ち此缺陷を補はんが爲、新稅法及附屬法例並に新商法倉庫編を基礎とし法律及經濟の二方面より秩序的に觀察し之に實際的の問題を加味したる者、就中倉庫編に於ては商法施行以來議論を釀せし各論點に就き詳細なる批評と著者の意見とを加へたり、且諸般の手續をも明細にし行文は努めて平易を旨としたるが故に何人も一讀其問題を理會することを得べし。

外國貿易原論　法學士　野坂晋治君　法學士　辻宏吉君著

近時經濟學の著書漸く多きを加ふるに拘らず獨り外國貿易に關するものに至ては太だ寥々たりとす是れ主として之が硏究の最も困難にして而も議論の多岐に涉れるに坐せずんばあらず著者夙に心を外國貿易の硏究に潛め玆に本書の發行を見るに至りたるものにして先づ外國貿易の成立する所以、國際的價格、外國貿易の消長及び之に影響を及ぼす重大事項を始め苟も外國貿易に關する原理元則は悉く說明し盡して餘す所なし顧ふに今や日露大戰の後を承け財政經濟上一振作を期せざる可らざるの秋に際するを以て內國に於ける殖產興業の勃興を圖ると共に外國に對し貿易上の一大發展を促すの最も急要なるを見るなりされば世外の學者實業家は勿論苟も經世の志ある人士は須らく一本を座右に具へ以て大に裨益利用する所なくんばあらざるなり。

●經濟汎論　法學士　池袋秀太郎君著

經濟の學たるや其用最も廣く學理亦甚だ深遠なり從來斯學に關する著書其數夥多なりと雖も多くは專門學者研鑽の用に供するに足るも未だ以て一般人士に普通經濟思想を注入するの目的に出でたるものなし本書は則此急需に應ぜんが爲に著されたものにして務めて平易簡明を旨とし普通に行はるゝ最近の學說を解說祖述したれば一般人士必讀の要書たるは勿論專門家と雖も亦座右一本を鈌く可らず。

●經濟學史　法學士　小川市太郎君著

戰後經營の急務は、各人の經濟理法研究にあり。經濟の學理に照せば、戰後の企業熱勃興も、また其結果株式市場の一たび賑て、後に暴落を來たし、當初の得意者が、久しからずして失意の窮境に陷ることも、皆當然の事のみ。唯、經濟の理法を知らざるの徒、一攫萬金の利を夢み、後には資產を蕩盡して空しく煩悶するのみ、此輩の爲に經濟學理の研究は、病者の醫藥と其効を同ふす、本書は此等學說の發生なり、其發達したる事情と經濟各派學說の價値幷に各學說相說相互の關係を詳論し、古今東西各國經濟上の事實と學說とか如何に密接の關係を有するかを說明して毫も餘蘊なし。

●經濟政策概論　法學士　守屋源次郎君著

人として經濟學に關する大體の智識の鈌くべからざるは疑を容れず。許多の經濟學者は、此目的に向て供給せらると雖、經濟學原理、若くは純正經濟學に關するものに止り、一般經濟政策を說くものなきは一鈌點と謂はざるべからず。蓋し經濟の要は、理論よりも實行を重しとすればなり。此書類を分つこと凡て九、總論に筆を起して、貨幣、銀行、運輸交通、農業、工業、商業、殖民及社會政策に說き及ぼし、各種の經濟方面に涉りて其政策を編すること懇切なり。著者は多年斯學を專攻するの士、故を以て其見地高く、坊間流布の類書と大に其撰を異にす。而も其筆を行るや平易簡明、讀に從て其所說を味ふに容易なるは、流に從て下るの容易なるよりも容易なり。經濟界裡に於て人後に落つるを厭ふの士は、必ず一讀せざるべからざるの好著たり。

●財政學　法學士　笹川潔君著

財政學の難き、政府當局者も、貴衆兩院議員も、不斷最も頭を腦ましむるもの實に此に在り、國民の最も休戚を感ずるの深きまた此に在り、唯だ財政の難は人皆之を口にするも、能く上下を滿足せしむるの大經綸を策する者なきは、畢竟財政の學理に通ぜざるに由る、故に方今國家の經綸上朝野ともに養成すべきものは財政の智識なり、著者多く財政經濟の學を專攻し、東西名流の所說を涉獵して此書を成す其當世の國民智識に稗益する、蓋し至大なるものあり。

●最新統計學　法學士　夏秋龜一君著

社會の事物を秩序的に解釋するには自から具體的頭腦を以て緻密なる調査を經るを要す、是れ統計學の今日に必要なる所以なり、而して近時著書の汗牛充棟世に出るに拘らず獨り統計學に關する良書の公にせられざるは夙に識者の遺憾とする所なり、夏秋法學士之を慨するあり最新統計學を著はして此需用に應ぜんとす、深厚の學、流麗の筆、紙數三百頁に過ざる小册子なりと雖、善く其大綱を說盡して肯綮に中る。

●世界產業制度論　法學士　相良維男君著

奉天の役對馬沖の大海戰に於て我國の武名は既に世界を震撼したり、而も富力に於て憐なる統計に甘ずるが如きは是寧吾人の恥辱なり著者深く玆に感ずる所あり乃ち歐米各國の產業が如何にして今日の盛運に向ひたるか種々の產業は現今如何なる狀態に行はれつゝありや國家に對する政策は如何に之を決定すべきや等財政上、經濟上並に社會上產業に關する百般の問題に亘り繁簡宜しきを圖り最新の材料に依り主として實際的に記述し理論に走らず廣汎膨大なる問題に對して最簡明なる解釋を與へたり苟も產業に志ある者は言を俟たず學者及經世家の好資料たるべしと信ず。

商業叢書

毎冊洋装大判美本
製本特製並製二樣

列國の生存競爭は、皆商業に依り勝敗を平和の戰爭に決せんとす、是の時に當り世界無比なる商業上の好地位を占むる帝國の將來は、豈に商業を以て立國の大方針とせずして可ならんや。然れ共文明の商戰場に立つ戰士には新敎育を要す。商賣往來塵劫記の類は既に用を爲さず、必ず學理と實驗とにより、世界を敵とするの方識を具へざる可らず。是れ此商業叢書が目下の必用に迫られて發行するに至りし所以なり著者盡く專門の學士。其書の眞價は亦多言を要せざる也。苟も志を當世に有する士は一讀、以て國家の實力を鞏固ならしむるの篤志なかるべからず。

白耳義商業學士 飯田旗郎君著

●商業汎論

正價五拾錢
郵稅八錢
特製正價六拾五錢 郵稅拾錢

第一編＝緒言＝汎論●著者と汎論●商業學●商業學の本體●本邦に於ける商業學の變遷○第二編＝商業＝總論●商業の創起外五章○第三編＝商業學＝商業諸科の必要と應用外一章○第四編＝商業の資性＝資本●品性○第五編＝商業敎育＝世界と商業敎育外一章

法學士 桐生政次君

●世界商工業史

正價四拾五錢
郵稅八錢
特製六拾錢 郵稅拾錢

第一編＝大古の商工業○第二編＝中世の商工業＝蠻人の侵入と商業の衰頽●商工業の復興外六章○第三編＝近世の商工業＝緒論●東洋に於ける商業國●西洋に於ける商業國外五章

農商務省商品陳列館長 佐藤顯理君著

●貿易事情

正價六拾五錢
小包料八錢
特製八拾錢 郵稅拾八錢

前編 外國貿易の大勢＝緒論●第一章、亞細亞洲●第二章、歐羅巴洲●第三章、亞米利加洲●第四章、其他諸國洲○後編 重要輸出入品概況＝第一章、重要輸出品●第二章、重要輸入品

法學士 森山守次君著

●歐米商業實勢

正價四拾五錢
郵稅六錢
特製六拾錢 小包料八錢

總論＝上編＝經濟的實勢の觀察●緒論＝第一章、米合衆國第二章、英吉利●第三章、獨逸●第四章、佛蘭西●第五章、露西亞●第六章、白耳義○括辭＝下編＝經濟的實勢の局部觀察●緒論＝第一章、金融●第二章、外國貿易●外四

法學士　檀野禮助君著
國際貿易論
特製六拾錢　郵税八錢
正價四拾五錢　郵税六錢
第一編‖總論●第一章、國際貿易の觀念外三章〇第二編‖國際貿易の形式‖第一章●國際賣買外二章〇第三編‖國際貿易の機關‖第一章、海運外三章

法學士　二宮基成君著
經濟學通論
特製七拾五錢　小包料八錢
正價六拾錢　小包料八錢
經濟●慾望●財●効用及價格●財產●冨●所得●財產制度●經濟制度●經濟學の定義●經濟學の部門●經濟學と諸學科との關係●經濟學の研究法〇第一編、生產論〇第二編、交換論〇第三編、分配論〇第四編、消費論

法學士　後藤勇君著
シンジゲート及トラスト
特製六拾五錢　小包料八錢
正價五拾錢　郵税八錢
第一編‖總論‖第一章、競爭●第二章、大經營外七章〇第二編‖獨逸に於ける「シンジゲート」‖第一章、企業家聯合の意義外四章〇第三編‖米國に於ける「トラスト」第一章、トラストの意義外十二章

理學士　藤田外次郎君著
商業數學
特製七拾錢　小包料八錢
正價五拾五錢　郵税八錢
第一編‖純正數學‖檢査法●加法●減法●除法●百分算‖省略●加法及減法外十七▲第二編‖商業數學‖緒論●概念●貨幣●損益●破產●手數料及口錢外十五

法學士　勝部國臣君著
實用手形法釋義
特製四拾錢　郵税八錢
正價參拾錢　郵税六錢
第一章‖總則‖手形の種類の事●總て手形に署名したる者の負擔すべき責任の事外十項〇第二章‖爲替手形〇第三章‖約束手形〇第四章‖小切手

大山五郎君　加藤武男君共著
銀行法規及書式判決例
特製六拾五錢　小包料八錢
正價五拾錢　小包料八錢
第一編‖銀行に關する法規‖一般銀行法規外二〇第二編‖書式‖貸附外六〇第三編‖判決例‖手形振出‖手形裏書外五〇雜錄‖全國各銀行資本金累年手形比較表等廿項

法學士　勝部國臣君著
實用商業會話
正價貳拾錢　郵税四錢
總クロース小判　特製美本
第一編‖單語‖數字●天文●地理●人事●時令外十二〇第二編‖商業一般‖商用熟語外十七〇第三編‖商業各部‖銀行に於て‖吳服店に於て外十一〇第四編‖商業雜件‖廣告書式外五

發兌元　東京本町　博文館

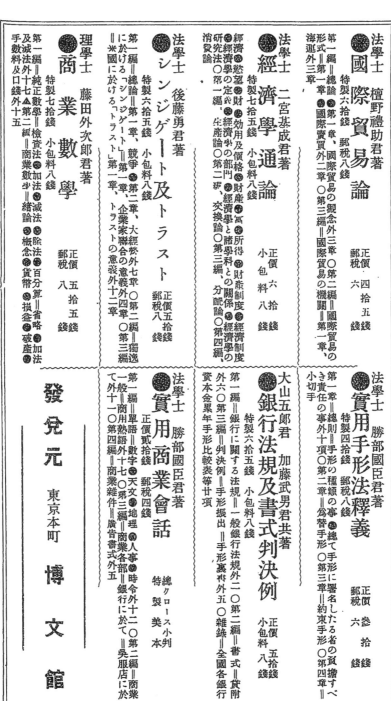

ドクトル岡崎遠光君著
○銀行政策　全
洋裝大判上製正價壹圓小包料八錢

增井增次郎君著
○銀行實踐法　全
洋裝大判正價六拾錢郵稅拾錢

法學士篠田治策君著
○會社法釋義　全
洋裝大判正價貳拾錢郵稅六錢

法學士甲野莊平君著
○共同海損法　全
洋裝中判正價六拾錢郵稅拾錢

井上、岩野兩博士共著
○財政學　全
洋裝大判正價貳圓廿錢小包料拾貳錢

吳文聰君譯述
○社會統計學　全
洋裝大判正價壹圓五拾錢郵稅拾貳錢

法學博士小野塚喜平次君著
○政治學大綱　全二冊
洋裝大判上製正價一冊五拾錢郵稅八錢

伊東祐穀君著
○明治四十一年世界年鑑　全
洋裝太陽判上製正價五圓小包料拾六錢

同　君著
○明治四十一年袖珍世界年鑑　全
洋裝小版上製正價七拾五錢郵稅八錢

發兌元　東京本町　博文館

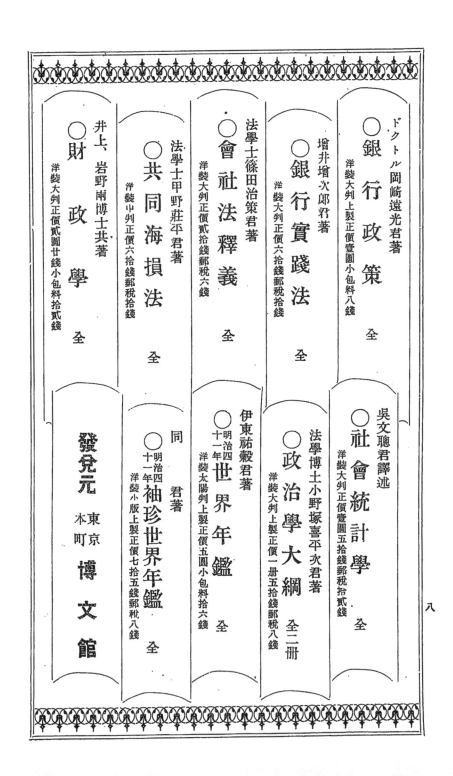

海上保険法　　日本立法資料全集　別巻 1192

平成30年6月20日　　復刻版第1刷発行

著　者　秋　野　　沆

発行者　今　井　　貴
　　　　渡　辺　左　近

発行所　信　山　社　出　版

〒113-0033　東京都文京区本郷6-2-9-102
モンテベルデ第2東大正門前
電　話　03（3818）1019
FAX　03（3818）0344
郵便振替　00140-2-367777（信山社販売）

Printed in Japan.

制作／(株)信山社，印刷・製本／松澤印刷・日進堂

ISBN 978-4-7972-7307-6 C3332

別巻　巻数順一覧【950～981巻】

巻数	書　名	編・著者	ISBN	本体価格
950	実地応用町村制質疑録	野田藤吉郎、國吉拓郎	ISBN978-4-7972-6656-6	22,000円
951	市町村議員必携	川瀬周次、田中迪三	ISBN978-4-7972-6657-3	40,000円
952	増補 町村制執務備考 全	増澤鐵、飯島篤雄	ISBN978-4-7972-6658-0	46,000円
953	郡区町村編制法 府県会規則 地方税規則 三法綱論	小笠原美治	ISBN978-4-7972-6659-7	28,000円
954	郡区町村編制 府県会規則 地方税規則 新法例纂 追加地方諸要則	柳澤武運三	ISBN978-4-7972-6660-3	21,000円
955	地方革新講話	西内天行	ISBN978-4-7972-6921-5	40,000円
956	市町村名辞典	杉野耕三郎	ISBN978-4-7972-6922-2	38,000円
957	市町村吏員提要〔第三版〕	田邊好一	ISBN978-4-7972-6923-9	60,000円
958	帝国市町村便覧	大西林五郎	ISBN978-4-7972-6924-6	57,000円
959	最近検定 市町村名鑑 附 官国幣社 及 諸学校所在地一覧	藤澤衛彦、伊東順彦、増田穆、関惣右衛門	ISBN978-4-7972-6925-3	64,000円
960	鼇頭対照 市町村制解釈 附 理由書 及 参考諸布達	伊藤寿	ISBN978-4-7972-6926-0	40,000円
961	市町村制釈義 完　附 市町村制理由	水越成章	ISBN978-4-7972-6927-7	36,000円
962	府県郡市町村 模範治績　附 耕地整理法 産業組合法 附属法令	荻野千之助	ISBN978-4-7972-6928-4	74,000円
963	市町村大字読方名彙〔大正十四年度版〕	小川琢治	ISBN978-4-7972-6929-1	60,000円
964	町村会議員選挙要覧	津田東璋	ISBN978-4-7972-6930-7	34,000円
965	市制町村制 及 府県制　附 普通選挙法	法律研究会	ISBN978-4-7972-6931-4	30,000円
966	市制町村制註釈 完　附 市制町村制理由〔明治21年初版〕	角田真平、山田正賢	ISBN978-4-7972-6932-1	46,000円
967	市町村制詳解 全　附 市町村制理由	元田肇、加藤政之助、日鼻豊作	ISBN978-4-7972-6933-8	47,000円
968	区町村会議要覧 全	阪田辨之助	ISBN978-4-7972-6934-5	28,000円
969	実用 町村制市制事務提要	河邨貞山、島村文耕	ISBN978-4-7972-6935-2	46,000円
970	新旧対照 市制町村制正文〔第三版〕	自治館編輯局	ISBN978-4-7972-6936-9	28,000円
971	細密調査 市町村便覧（三府 四十三県 北海道 樺太 台湾 朝鮮 関東州） 附 分類官公衙公私学校銀行所在地一覧表	白山榮一郎、森田公美	ISBN978-4-7972-6937-6	88,000円
972	正文 市制町村制 並 附属法規	法曹閣	ISBN978-4-7972-6938-3	21,000円
973	台湾朝鮮関東州 全国市町村便覧 各学校所在地〔第一分冊〕	長谷川好太郎	ISBN978-4-7972-6939-0	58,000円
974	台湾朝鮮関東州 全国市町村便覧 各学校所在地〔第二分冊〕	長谷川好太郎	ISBN978-4-7972-6940-6	58,000円
975	合巻 佛蘭西邑法・和蘭邑法・皇国郡区町村編成法	箕作麟祥、大井憲太郎、神田孝平	ISBN978-4-7972-6941-3	28,000円
976	自治之模範	江木翼	ISBN978-4-7972-6942-0	60,000円
977	地方制度実例総覧〔明治36年初版〕	金田謙	ISBN978-4-7972-6943-7	48,000円
978	市町村民 自治読本	武藤榮治郎	ISBN978-4-7972-6944-4	22,000円
979	町村制詳解　附 市制及町村制理由	相澤富蔵	ISBN978-4-7972-6945-1	28,000円
980	改正 市町村制 並 附属法規	楠綾雄	ISBN978-4-7972-6946-8	28,000円
981	改正 市制 及 町村制〔訂正10版〕	山野金蔵	ISBN978-4-7972-6947-5	28,000円

巻数	書　名	編・著者	ISBN	本体価格
915	改正 新旧対照市町村一覧	鍾美堂	ISBN978-4-7972-6621-4	78,000円
916	東京市会先例彙輯	後藤新平、桐島像一、八田五三	ISBN978-4-7972-6622-1	65,000円
917	改正 地方制度解説〔第六版〕	狭間茂	ISBN978-4-7972-6623-8	67,000円
918	改正 地方制度通義	荒川五郎	ISBN978-4-7972-6624-5	75,000円
919	町村制市制全書 完	中嶋廣蔵	ISBN978-4-7972-6625-2	80,000円
920	自治新制 市町村会法要談 全	田中重策	ISBN978-4-7972-6626-9	22,000円
921	郡市町村吏員 収税実務要書	荻野千之助	ISBN978-4-7972-6627-6	21,000円
922	町村至宝	桂虎次郎	ISBN978-4-7972-6628-3	36,000円
923	地方制度通 全	上山満之進	ISBN978-4-7972-6629-0	60,000円
924	帝国議会府県会郡会市町村会議員必携 附関係法規 第1分冊	太田峯三郎、林田亀太郎、小原新三	ISBN978-4-7972-6630-6	46,000円
925	帝国議会府県会郡会市町村会議員必携 附関係法規 第2分冊	太田峯三郎、林田亀太郎、小原新三	ISBN978-4-7972-6631-3	62,000円
926	市町村是	野田千太郎	ISBN978-4-7972-6632-0	21,000円
927	市町村執務要覧 全 第1分冊	大成館編輯局	ISBN978-4-7972-6633-7	60,000円
928	市町村執務要覧 全 第2分冊	大成館編輯局	ISBN978-4-7972-6634-4	58,000円
929	府県会規則大全　附 裁定録	朝倉達三、若林友之	ISBN978-4-7972-6635-1	28,000円
930	地方自治の手引	前田宇治郎	ISBN978-4-7972-6636-8	28,000円
931	改正 市制町村制と衆議院議員選挙法	服部喜太郎	ISBN978-4-7972-6637-5	28,000円
932	市町村国税事務取扱手続	広島財務研究会	ISBN978-4-7972-6638-2	34,000円
933	地方自治制要義 全	末松偕一郎	ISBN978-4-7972-6639-9	57,000円
934	市町村特別税之栞	三邊長治、水谷平吉	ISBN978-4-7972-6640-5	24,000円
935	英国地方制度 及 税法	良保両氏、水野遵	ISBN978-4-7972-6641-2	34,000円
936	英国地方制度 及 税法	髙橋達	ISBN978-4-7972-6642-9	20,000円
937	日本法典全書 第一編 府県制郡制註釈	上條慎蔵、坪谷善四郎	ISBN978-4-7972-6643-6	58,000円
938	判例挿入 自治法規全集 全	池田繁太郎	ISBN978-4-7972-6644-3	82,000円
939	比較研究 自治之精髄	水野錬太郎	ISBN978-4-7972-6645-0	22,000円
940	傍訓註釈 市制町村制 並ニ 理由書〔第三版〕	筒井時治	ISBN978-4-7972-6646-7	46,000円
941	以呂波引町村便覧	田山宗尭	ISBN978-4-7972-6647-4	37,000円
942	町村制執務要録 全	鷹巣清二郎	ISBN978-4-7972-6648-1	46,000円
943	地方自治 及 振興策	床次竹二郎	ISBN978-4-7972-6649-8	30,000円
944	地方自治講話	田中四郎左衛門	ISBN978-4-7972-6650-4	36,000円
945	地方施設改良 訓諭演説集〔第六版〕	鹽川玉江	ISBN978-4-7972-6651-1	40,000円
946	帝国地方自治団体発達史〔第三版〕	佐藤亀齢	ISBN978-4-7972-6652-8	48,000円
947	農村自治	小橋一太	ISBN978-4-7972-6653-5	34,000円
948	国税 地方税 市町村税 滞納処分法問答	竹尾高堅	ISBN978-4-7972-6654-2	28,000円
949	市町村役場実用 完	福井淳	ISBN978-4-7972-6655-9	40,000円

別巻　巻数順一覧【878 ～ 914 巻】

巻数	書　名	編・著者	ISBN	本体価格
878	明治史第六編 政黨史	博文館編輯局	ISBN978-4-7972-7180-5	42,000 円
879	日本政黨發達史 全〔第一分冊〕	上野熊藏	ISBN978-4-7972-7181-2	50,000 円
880	日本政黨發達史 全〔第二分冊〕	上野熊藏	ISBN978-4-7972-7182-9	50,000 円
881	政党論	梶原保人	ISBN978-4-7972-7184-3	30,000 円
882	獨逸新民法商法正文	古川五郎、山口弘一	ISBN978-4-7972-7185-0	90,000 円
883	日本民法鼇頭對比獨逸民法	荒波正隆	ISBN978-4-7972-7186-7	40,000 円
884	泰西立憲國政治攬要	荒井泰治	ISBN978-4-7972-7187-4	30,000 円
885	改正衆議院議員選擧法釋義 全	福岡伯、横田左仲	ISBN978-4-7972-7188-1	42,000 円
886	改正衆議院議員選擧法釋義 附 改正貴族院令,治安維持法	犀川長作、犀川久平	ISBN978-4-7972-7189-8	33,000 円
887	公民必携 選擧法規ト判決例	大浦兼武、平沼騏一郎、木下友三郎、清水澄、三浦數平	ISBN978-4-7972-7190-4	96,000 円
888	衆議院議員選擧法輯覽	司法省刑事局	ISBN978-4-7972-7191-1	53,000 円
889	行政司法選擧判例總覽―行政救濟と其手續―	澤田竹治郎・川崎秀男	ISBN978-4-7972-7192-8	72,000 円
890	日本親族相續法義解 全	髙橋捨六・堀田馬三	ISBN978-4-7972-7193-5	45,000 円
891	普通選擧文書集成	山中秀男・岩本溫良	ISBN978-4-7972-7194-2	85,000 円
892	普選の勝者 代議士月旦	大石末吉	ISBN978-4-7972-7195-9	60,000 円
893	刑法註釋 巻一～巻四(上巻)	村田保	ISBN978-4-7972-7196-6	58,000 円
894	刑法註釋 巻五～巻八(下巻)	村田保	ISBN978-4-7972-7197-3	50,000 円
895	治罪法註釋 巻一～巻四(上巻)	村田保	ISBN978-4-7972-7198-0	50,000 円
896	治罪法註釋 巻五～巻八(下巻)	村田保	ISBN978-4-7972-7198-0	50,000 円
897	議會選擧法	カール・ブラウニアス、國政研究科會	ISBN978-4-7972-7201-7	42,000 円
901	鼇頭註釈 町村制 附 理由 全	八乙女盛次、片野続	ISBN978-4-7972-6607-8	28,000 円
902	改正 市制町村制 附 改正要義	田山宗堯	ISBN978-4-7972-6608-5	28,000 円
903	増補訂正 町村制詳解〔第十五版〕	長峰安三郎、三浦通太、野田千太郎	ISBN978-4-7972-6609-2	52,000 円
904	市制町村制 並 理由書 附 直接間接税類別及実施手続	高崎修助	ISBN978-4-7972-6610-8	20,000 円
905	町村制要義	河野正義	ISBN978-4-7972-6611-5	28,000 円
906	改正 市制町村制義解〔帝國地方行政学会〕	川村芳次	ISBN978-4-7972-6612-2	60,000 円
907	市制町村制 及 関係法令〔第三版〕	野田千太郎	ISBN978-4-7972-6613-9	35,000 円
908	市町村新旧対照一覧	中村芳松	ISBN978-4-7972-6614-6	38,000 円
909	改正 府県郡制問答講義	木内英雄	ISBN978-4-7972-6615-3	28,000 円
910	地方自治提要 全 附 諸届願書式 日用規則抄録	木村時義、吉武則久	ISBN978-4-7972-6616-0	56,000 円
911	訂正増補 市町村制問答詳解 附 理由及追輯	福井淳	ISBN978-4-7972-6617-7	70,000 円
912	改正 府県制郡制註釈〔第三版〕	福井淳	ISBN978-4-7972-6618-4	34,000 円
913	地方制度実例総覧〔第七版〕	自治館編輯局	ISBN978-4-7972-6619-1	78,000 円
914	英国地方政治論	ジョージ・チャールズ・ブロドリック、久米金彌	ISBN978-4-7972-6620-7	30,000 円

別巻　巻数順一覧【843 ～ 877 巻】

巻数	書　名	編・著者	ISBN	本体価格
843	法律汎論	熊谷直太	ISBN978-4-7972-7141-6	40,000 円
844	英國國會選擧訴願判決例 全	オマリー、ハードカッスル、サンタース	ISBN978-4-7972-7142-3	80,000 円
845	衆議院議員選擧法改正理由書 完	内務省	ISBN978-4-7972-7143-0	40,000 円
846	戆齋法律論文集	森作太郎	ISBN978-4-7972-7144-7	45,000 円
847	雨山遺稾	渡邉輝之助	ISBN978-4-7972-7145-4	70,000 円
848	法曹紙屑籠	鷺城逸史	ISBN978-4-7972-7146-1	54,000 円
849	法例彙纂 民法之部 第一篇	史官	ISBN978-4-7972-7147-8	66,000 円
850	法例彙纂 民法之部 第二篇〔第一分冊〕	史官	ISBN978-4-7972-7148-5	55,000 円
851	法例彙纂 民法之部 第二篇〔第二分冊〕	史官	ISBN978-4-7972-7149-2	75,000 円
852	法例彙纂 商法之部〔第一分冊〕	史官	ISBN978-4-7972-7150-8	70,000 円
853	法例彙纂 商法之部〔第二分冊〕	史官	ISBN978-4-7972-7151-5	75,000 円
854	法例彙纂 訴訟法之部〔第一分冊〕	史官	ISBN978-4-7972-7152-2	60,000 円
855	法例彙纂 訴訟法之部〔第二分冊〕	史官	ISBN978-4-7972-7153-9	48,000 円
856	法例彙纂 懲罰則之部	史官	ISBN978-4-7972-7154-6	58,000 円
857	法例彙纂 第二版 民法之部〔第一分冊〕	史官	ISBN978-4-7972-7155-3	70,000 円
858	法例彙纂 第二版 民法之部〔第二分冊〕	史官	ISBN978-4-7972-7156-0	70,000 円
859	法例彙纂 第二版 商法之部・訴訟法之部〔第一分冊〕	太政官記録掛	ISBN978-4-7972-7157-7	72,000 円
860	法例彙纂 第二版 商法之部・訴訟法之部〔第二分冊〕	太政官記録掛	ISBN978-4-7972-7158-4	40,000 円
861	法令彙纂 第三版 民法之部〔第一分冊〕	太政官記録掛	ISBN978-4-7972-7159-1	54,000 円
862	法令彙纂 第三版 民法之部〔第ニ分冊〕	太政官記録掛	ISBN978-4-7972-7160-7	54,000 円
863	現行法律規則全書（上）	小笠原美治、井田鐘次郎	ISBN978-4-7972-7162-1	50,000 円
864	現行法律規則全書（下）	小笠原美治、井田鐘次郎	ISBN978-4-7972-7163-8	53,000 円
865	國民法制通論 上卷・下卷	仁保龜松	ISBN978-4-7972-7165-2	56,000 円
866	刑法註釋	磯部四郎、小笠原美治	ISBN978-4-7972-7166-9	85,000 円
867	治罪法註釋	磯部四郎、小笠原美治	ISBN978-4-7972-7167-6	70,000 円
868	政法哲學 前編	ハーバート・スペンサー、濱野定四郎、渡邊治	ISBN978-4-7972-7168-3	45,000 円
869	政法哲學 後編	ハーバート・スペンサー、濱野定四郎、渡邊治	ISBN978-4-7972-7169-0	45,000 円
870	佛國商法復説 第壹篇自第壹卷至第七卷	リウヒエール、商法編纂局	ISBN978-4-7972-7171-3	75,000 円
871	佛國商法復説 第壹篇第八卷	リウヒエール、商法編纂局	ISBN978-4-7972-7172-0	45,000 円
872	佛國商法復説 自第二篇至第四篇	リウヒエール、商法編纂局	ISBN978-4-7972-7173-7	70,000 円
873	佛國商法復説 書式之部	リウヒエール、商法編纂局	ISBN978-4-7972-7174-4	40,000 円
874	代言試驗問題擬判録 全 附録明治法律學校民刑問題及答案	熊野敏三、宮城浩蔵 河野和三郎、岡義男	ISBN978-4-7972-7176-8	35,000 円
875	各國官吏試驗法類集 上・下	内閣	ISBN978-4-7972-7177-5	54,000 円
876	商業規篇	矢野亨	ISBN978-4-7972-7178-2	53,000 円
877	民法実用法典 全	福田一覺	ISBN978-4-7972-7179-9	45,000 円

別巻　巻数順一覧【810～842巻】

巻数	書　名	編・著者	ISBN	本体価格
810	訓點法國律例 民律 上卷	鄭永寧	ISBN978-4-7972-7105-8	50,000円
811	訓點法國律例 民律 中卷	鄭永寧	ISBN978-4-7972-7106-5	50,000円
812	訓點法國律例 民律 下卷	鄭永寧	ISBN978-4-7972-7107-2	60,000円
813	訓點法國律例 民律指掌	鄭永寧	ISBN978-4-7972-7108-9	58,000円
814	訓點法國律例 貿易定律・園林則律	鄭永寧	ISBN978-4-7972-7109-6	60,000円
815	民事訴訟法 完	本多康直	ISBN978-4-7972-7111-9	65,000円
816	物権法(第一部)完	西川一男	ISBN978-4-7972-7112-6	45,000円
817	物権法(第二部)完	馬場愿治	ISBN978-4-7972-7113-3	35,000円
818	商法五十課 全	アーサー・B・クラーク、本多孫四郎	ISBN978-4-7972-7115-7	38,000円
819	英米商法律原論 契約之部及流通券之部	岡山兼吉、淺井勝	ISBN978-4-7972-7116-4	38,000円
820	英國組合法 完	サー・フレデリック・ポロック、榊原幾久若	ISBN978-4-7972-7117-1	30,000円
821	自治論 一名人民ノ自由 卷之上・卷之下	リーバー、林董	ISBN978-4-7972-7118-8	55,000円
822	自治論纂 全一册	獨逸學協會	ISBN978-4-7972-7119-5	50,000円
823	憲法彙纂	古屋宗作、鹿島秀麿	ISBN978-4-7972-7120-1	35,000円
824	國會汎論	ブルンチュリー、石津可輔、讃井逸三	ISBN978-4-7972-7121-8	30,000円
825	威氏法學通論	エスクバック、渡邊輝之助、神山亨太郎	ISBN978-4-7972-7122-5	35,000円
826	萬國憲法 全	高田早苗、坪谷善四郎	ISBN978-4-7972-7123-2	50,000円
827	綱目代議政體	J・S・ミル、上田充	ISBN978-4-7972-7124-9	40,000円
828	法學通論	山田喜之助	ISBN978-4-7972-7125-6	30,000円
829	法學通論 完	島田俊雄、溝上與三郎	ISBN978-4-7972-7126-3	35,000円
830	自由之權利 一名自由之理 全	J・S・ミル、高橋正次郎	ISBN978-4-7972-7127-0	38,000円
831	歐洲代議政體起原史 第一册・第二册／代議政體原論 完	ギゾー、漆間眞學、藤田四郎、アンドリー、山口松五郎	ISBN978-4-7972-7128-7	100,000円
832	代議政體 全	J・S・ミル、前橋孝義	ISBN978-4-7972-7129-4	55,000円
833	民約論	J・J・ルソー、田中弘義、服部德	ISBN978-4-7972-7130-0	40,000円
834	歐米政黨沿革史總論	藤田四郎	ISBN978-4-7972-7131-7	30,000円
835	内外政黨事情・日本政黨事情 完	中村義三、大久保常吉	ISBN978-4-7972-7132-4	35,000円
836	議會及政黨論	菊池學而	ISBN978-4-7972-7133-1	35,000円
837	各國之政黨 全〔第1分冊〕	外務省政務局	ISBN978-4-7972-7134-8	70,000円
838	各國之政黨 全〔第2分冊〕	外務省政務局	ISBN978-4-7972-7135-5	60,000円
839	大日本政黨史 全	若林清、尾崎行雄、箕浦勝人、加藤恒忠	ISBN978-4-7972-7137-9	63,000円
840	民約論	ルソー、藤田浪人	ISBN978-4-7972-7138-6	30,000円
841	人權宣告辯妄・政治眞論一名主權辯妄	ベンサム、草野宣隆、藤田四郎	ISBN978-4-7972-7139-3	40,000円
842	法制講義 全	赤司鷹一郎	ISBN978-4-7972-7140-9	30,000円